WORK'S INTIMACY

公事缠身

[澳]梅丽莎·格雷格——著　　陈　镭——译

中国工人出版社

图书在版编目（CIP）数据

公事缠身 / (澳) 梅丽莎・格雷格著；陈镭译. —
北京：中国工人出版社，2023.9
书名原文: *Work's Intimacy*
ISBN 978-7-5008-8290-9
Ⅰ. ①公… Ⅱ. ①梅… ②陈… Ⅲ. ①社会学—研究
Ⅳ. ①C91
中国国家版本馆CIP数据核字（2023）第191107号

著作权合同登记号：图字01-2020-2092号
This edition is published by arrangement with Polity Press Ltd., Cambridge.

公事缠身

出版人	董　宽
责任编辑	左　鹏
责任校对	张　彦
责任印制	栾征宇
出版发行	中国工人出版社
地　　址	北京市东城区鼓楼外大街45号　邮编：100120
网　　址	http://www.wp-china.com
电　　话	（010）62005043（总编室）
	（010）62005039（印制管理中心）
	（010）62382916（工会与劳动关系分社）
发行热线	（010）82029051　62383056
经　　销	各地书店
印　　刷	宝蕾元仁浩（天津）印刷有限公司
开　　本	880毫米×1230毫米　1/32
印　　张	9.5
字　　数	220千字
版　　次	2024年6月第1版　2024年6月第1次印刷
定　　价	68.00元

目录

CONTENTS

序言

PREFACE

2004年初，我搬到布里斯班的时候，许多悉尼的朋友明确表示：不要指望有多少人会去看你。对澳大利亚南部的居民来说，东北部的昆士兰州始终有点奇葩，给他们的印象是阳光照得人昏昏欲睡，观念落后、农民保守、执法腐败。该州首府布里斯班一直被当地居民和外来者视为“寂静小城”。事实上，在本书记录的时期里，光鲜的旅游手册开始自我解嘲地把这一说法作为宣传语，还在赞美夜间经济发展的时候说：“这下不能怪我们了吧?”即使存在这种成见，过去十年间仍有成千上万的州际移民到阳光地带来寻求一份全职工作，我就是其中一员。众多的新闻报道和政府言论对这类统计数据抱有很大的期望，但公开记录里看不到多少真实的劳动者的经历。本书也只掌握了其中一小部分。

本研究基于一项为期三年的澳大利亚研究理事会研究基金项目。“居家办公：新媒体技术、职场文化和家庭生活性质的变化”意在提供经验证据，证明技术对知识经济中信息通信领域员工的工作和家庭生活产生了影响。项目选择了教育、政府、广播、电信领域的大型机构，以便对比关于“新经济”前沿的自由职业者和创业劳动者的众多描述；从4家用人单位招募了26名参与者，他们分属职场阶层的不同等级；尽可能地对这些雇员进行每年1次、为期3年的访问；为了方便出版，他们的名字没有用真名。

由于时间限制，我们没有对劳动者进行广泛的人类学调查，一些更大的社会变迁影响了随后的思考。在政治层面，澳大利亚工党在野12年以后，终于在2007年一场强调劳动者权利的联邦大选中获胜。短短数月之内，全球经济遭遇了一次剧烈的下行震荡，把澳大利亚从经济繁荣推到了衰退的边缘，把国家债务提高到前所未有的水平。与此同时，作为项目研究重点的通信技术推动了社交网站的大规模应用，从MySpace到Facebook，然后是Twitter的浪潮。项目进行的最后一年，iPhone在澳大利亚的商业发布极大地改变了电信业格局。本书作为一份新的档案，记录了社交媒体大发展和网络应用在日常生活中的增长。

这一研究项目描述了新经济的“弹性”职场在当下的影响，但研究是从一次更早时期的经济衰退开始的。自互联网泡沫以来[1]，创业的商业文化得到了持续美化，这是一个复杂的历史时刻留下的恒久遗产，鲜有研究对此进行全面审视。在当代众多的文化产品中，计算机和网络设备一直是最能反映社会变迁的，涵盖了从家庭关系到商业领域，甚至是约会习惯的方方面面。很显然，网络连接完美地满足了中产阶级对工作的迷恋，而这一问题并没有出现在政治讨论中。

本书揭示了新媒体技术在多大程度上鼓励和加剧了一种在工薪人员中早已存在的倾向，即把工作置于日常事务的中心，往往以牺牲其他来源的亲密感和满足感为代价。移动通信设备的吸引力不断增强是一种最强烈的暗示，表明现在有相当多的人认为：有酬的雇佣劳动是社会提供的，最能体现一个人的美德、成就和身份认同的平台。众多网络亚文化的发展也在证明这种趋势，受过良好教育的专业人士之间长期保持联络，获得了源源不断的相互支援的好处。在一个公民参与度下降、婚姻和家庭制度面临压力，以及西方社会持续存在宗教偏见和种族偏见的时代，本书提供了一个新的视角，解释普通劳动者如何从一系列更复杂的人际关系中撤退，专注于个人尊严的可靠源泉即他们的工作，因为工作的回报在资本主义市场受到毫不掩饰的赞美，后者是现代人际关系发挥作用的主导领域。

所有的书都不容易写，本书受到的影响尤其明显，因

[1] 互联网泡沫（dot.com boom）是指20世纪90年代中期到2000年间，与互联网企业有关的投机性投资泡沫。——译注

为我自己也卷入了被讨论的现象中。为了应对公事缠身的问题，我需要不止一次地搬家到不同的州和城市，寻找个人动机与职业动机之间难以捉摸的结合点。更麻烦的是，这还意味着要和其他人一起学习耸肩运动的要领、喝私酒文化、防止肢体重复性劳损以及强制休息等知识[2]。这个研究项目带来了复杂的学术困境，很难区分哪些东西是受访者披露的工作状况，哪些是同龄人和同事的行为，哪些又是我自己的实践。最后，我坚信当代学者应当率先站出来，认清自己的生活与爱都有改善的可能。

[2] 澳大利亚很多地区有禁酒、限酒的法令。这里提到的活动都是为了缓解“电脑病”。——译注

Work's Intimacy

导论

工作亲密感：在线上和工作中表现出职业精神

没有谁的工作是高枕无忧的。

——基姆·卡尔，澳大利亚工业部部长

本书给在线技术及其对工作生活的影响提供了一份姗姗来迟的说明。全书游走在当代工薪人员的办公室和住所之间，以便深入了解劳动者在不断变化的就业环境中面临的个人的、家庭的，以及更广泛的社会的紧张关系。多年以来，新媒体技术一直被标榜为，通过貌似适合现代办公条件的弹性工作安排，带给我们随时随地办公的自由。然而，很少有研究来解释这种发展的后果，工作已经脱离办公室，走进楼下的咖啡馆，走进大街、列车，后来又延伸到客厅、餐厅和卧室。

在线技术给普通办公室职员的工作和个人生活带来了一些重大问题，这些信息工作者是所谓“知识经济”的核心。本书介绍了他们的经历，重点在信息、通信、教育行业（ICE行业），这些行业与金融、保险和房地产等重量级“FIRE”行业相辅相成[1]。后者最近也有不少纪实作品。全

[1] 感谢安德鲁·罗斯，与他的交谈帮助我全面审视这些行业的差别以及相应的它们对城市空间的影响。（这里的ICE和FIRE分别由提到的几种产业的首字母组合而成。——译注）

球经济衰退引出了一连串意料之中的内幕报道，针对那些位于城市之巅的工作文化，以及突然引发大范围灾难的房贷体系。本书讲述了一个不同于它们的白领故事，它描绘的生活属于那些待在更平凡的工作环境里的人、住在一个有着明显的郊区扩张的城市里的人。然而，在一个数字化连通的“网络社会”（卡斯特尔，2000），这些劳动者的生计在这场由盛而衰、周而复始的转变中受到的影响一点也不少。

以下各章将揭示工薪人员与他们的工作之间越来越紧密的关系，以及新媒体技术如何参与这一过程。最显而易见的是，在线技术改变了我们对职业信息工作中可获性[2]的观念。在通信平台和设备的帮助之下，工作入侵了许多过去很少受其影响的时间和空间。我们可以把这一过程描述为当代办公室文化中的“在场感蔓延”（presence bleed），个人身份与职业身份之间不再有固定界限。在场感蔓延说明了一个我们熟悉的经验：在面对永远不可控的“待办事项”清单的时候，工作的时间、地点都变成了次要问题。这一术语不仅说明了劳动者有一种责任感，让自己时刻准备着、愿意在有酬工作时间之外劳动，还刻画了工作中产生的焦虑感，这些工作有一个不得不完成、无休止的任务清单，尤其是当没有足够的员工来承担这些工作量时。本书揭示出，由于劳动者的职责扩大和被要求“少费多用”，他们要在家里上网完成在

[2] 可获性（availability）是指可获得、可利用的性质和程度，本书主要用来表示劳动者在互联网条件下的工作到位情况。——译注

办公室没做完的工作。事实证明，随着数字技术的广泛应用，在原本可接受的工作量基础上又增加了更多的要求和任务，如果我们还不重视居家劳动，这些要求和任务得不到也永远不会得到承认。正如移动设备增加了工作负担，职业本身也受到“功能潜变”[3]的影响。这些技术所谓的便利掩盖了它们要求的额外劳动。就像本书中一位年轻的图书馆馆员解释的：“它们没有减少任何工作量，只是带给我们更多要干的活儿。你可能认为有些东西是该付出的，然而你懂的，不能老是给我们压任务。”

在场感蔓延描绘了正在变化的行为层面，也反映出通信和信息密集型工作中不断变化的职业要求。对受这一状况影响的中产阶级员工而言，在家里上网是完全负担得起的。因此，当网络连接让人们在上班时间之外有机会工作，这种愿意工作和能够工作的可能性有时就会表现为被监控的强制

[3] 功能潜变（function creep）是指超出原有目的或规格使用技术得到的结果，尤其是指这种新的使用方式导致的负面影响。——译注

性。[4]某种程度上，这是因为众多劳动者从工作中得到了成就感和满足感，使他们很容易任由职业事务渗透到其他的时间、空间。同样，很多人要面对的是，在线技术的强制力使雇佣方很自然地会在有酬工作时间之外联系他们，不管这一点是否得到明确承认。无论如何，时刻准备忙工作的意识都是一种情感劳动的新形式，必须加以控制。[5]

出于各种原因，本书中的专业人士进行了超出正常工

[4] 第5章将详细讨论与互联网应用有关的社会资本和文化资本。澳大利亚的宽带用户数据一直显示出，教育和财富是接通网络的关键指针，其次是家庭成员中是否有儿童（奥斯本，2009）。与这些数据相呼应的是，在本研究进行过程中，澳大利亚最大的网络服务商在广告里利用了中产阶级对优质儿童教育的渴望。例如，在大西洋电信公司一次相当成功的广告营销“兔子篇”中，一个孩子问他的爸爸中国长城因何而建。不知道答案的父亲回答：“把兔子挡在外面。”（澳大利亚野兔泛滥成灾——译注）这则广告利用了家长的负疚感，它成功地暗示：如果不接通网络，孩子们就会在学习上落后。这一广告营销以及同时期澳大利亚电信公司产品的其他营销案例，都可以在悉尼BWM网站上找到概览，网址是http://www.bwm.com.au/#/caseStudies。

[5] 情感劳动（affective labor，也译作“情动劳动”——译注），有时也称非物质劳动，从情感、交际或符号的维度来描述工作。在后马克思主义理论中，它被用来解释新出现的具有交换价值的劳动形式，这些形式更新了以体力劳动换取工资的传统观念（尤其参见哈特，1999；拉扎拉托，1996）。正如艾伦·刘（2004：123）解释的，“微笑服务”这一表达方式抓住了关键：当代许多职业把情感或情绪作为货币交换的基础。阿莉·霍克希尔德（1983）对航空公司空姐的研究是“情感劳动”研究的最早范例之一，有越来越多的著作表明它与一系列行业有关，例如奥莱特（即将出版）、赫恩（2010）、赫斯蒙德夫与贝克（2008）、道林、努涅斯与特洛特（2007）。

作时间的劳动。有些人认为他们可以通过持续不断的通信要求的浪潮“保持心态稳定”，这些要求是忙碌的日程表无法覆盖的。另一些人这样做是想保持一个好印象，显示他们有超出职务要求的能力和职业精神，让客户相信他们的重要性或者为了让“团队”其他人满意。没有明文规定该如何使用新媒体，尤其是在回复电子邮件方面，在这种情况下，劳动者讲述的故事揭示出：在线设备是帮助他们做好心理准备的武器之一，甚至是在工作日来临之前就在做准备工作。在线技术让劳动者可以制定方案，应对高强度的工作环境，因为这种状况事实上被看成是个人问题，而不是企业组织结构的问题。

某种程度上，这些行为符合新自由主义的治理理念，即劳动者对自己的行为负责并享受这种自由（罗丝，1999a，1999b）。“居家办公”或许可以理解为，员工们为使自己的个体化办公环境被人接受，而采用的一种保持职业联系的手段。劳动者撤离了一个似乎会妨碍核心工作任务完成的办公环境，选择在家里处理他们职业活动的一些最关键部分。尤其对女性来说这似乎是一种应变之道，因为业绩考核、出勤率和奖惩措施通常都缺乏弹性，它们仍在主导着正统的职场。后续章节将告诉我们，女性等到做完饭和打扫完毕、家人都睡着以后，才有时间工作。独自从事她们的雇佣劳动，甚至变成了一种从其他得到了值得怀疑的赞赏的劳动中寻求慰藉的方式。

“我没法在上班的时候做事”，这也是本书介绍的员工的常用表达，他们发现办公场所内充满了不必要的干扰。有意思的是，大部分“分心”都是因为与其他员工互动。因此，在线技术最大的好处之一就是调节对组织的参与度。可以假装离得很远，无视实际距离；就像表面在线，而实际上不在办公室一样。无论怎样，“面对面工作”的强制性都是办公室众多的“低效”之一，这些低效是促使员工回家办公的重要原因。

然而，随着职业事务在家庭的活动和优先事项中权重越来越大，员工有可能把自己置于一种危险境地，即雇佣方不再觉得有义务为前者的努力提供有效补偿。工作时间的延长不会在为现代员工计算工时的电子表格公式里得到体现。此外随着经济形势恶化，为了公司的保底利润，员工被要求接受减少工时或降薪，领薪工作的动力、激励和回报之间已经有了一条巨大鸿沟。未来的自我指导型员工可能不太容易受他们与雇佣方的劳动关系束缚。[6]

“工作与生活平衡”的诡计

在这一轮经济衰退发生前的几年里，众多时事评论员

---

[6] 本书出版之际，调查显示在2008年经济衰退期间，由于不满自己的待遇，雇员中出现了越来越多的抵制，各公司也对裁员过激造成的人才流失和组织记忆的丧失表示痛惜（斯特林，2007）。

没有意识到中产阶级专业人士在多大程度上受到鼓励，把工作视为他们成功和身份的最重要证明。特别是女性主义者对大众文化更感兴趣，将其视为衡量政治成就的标准，而把对职场的关注留给了日益缩小的工会成员和工会组织者的队伍。[7]在业务繁忙的时候，男人和女人都为公司工作很长时间，公司乐于从他们的“牺牲劳动”（罗斯，2004）中获利。不对加班文化及其背后的性别假设进行持续批判，其结果就是女性对所谓的“弹性”工作安排感恩戴德。这些工作条件让女性能够继续满足人们对她们的传统期待：育儿，持家，但仅仅是在有酬劳动之余（见第 2 章）。

社会学家、管理学著作和人力资源管理的指导，共同制造了一种强势话语，鼓励员工去寻求“工作与生活的平衡”，以此作为对工作文化中根深蒂固的高绩效要求的必要修正。职场中女性数量的增多与这一趋势相吻合，足以说明她们特别关心这样的平衡。我们不能说工作本身不是影响因素，很多人因工作带来的成就感而享受自己的工作。但同样不能忽视的是，公司领导者在制造、推行和维持这些工作量上扮演了关键角色。工作与生活平衡的论调实际上是在宣布，管理层作出的人力资源决策跟员工的遭遇无关。无怪乎人们全情投入职场培训的新方案以及一大堆“应对压力”“应对变革”和

[7] 罗瑟琳德·吉尔、安吉拉·麦克罗比属于这一趋势的例外，她们把对工作问题的关注与对更大范围“后女性主义”文化的批判结合起来。参见麦克罗比（2009，2007，2002）和吉尔（2007a，2007b）。

“时间管理”的免费研讨班。这些经费充裕的职场措施是观念的骗局，掩盖了影响大部分员工工作量的具体算计。它们的作用是暗示人们，不能应对日益增加的工作要求是个人的错。

作为解决职场弊端的办法，“工作与生活的平衡”也忽视了另一个重要问题。从工作中获得快乐的富裕员工，不太可能想在工作与其他事情之间取得平衡。休闲活动或人际关系会被证明更花钱、有更大的难度，需要复杂的情感投入，同时对某些性格的人来说缺乏满足感。就像阿莉·霍克希尔德（1997）论证的那样，当一个人的私生活投入更多、回报更少，而有报酬的事业清晰明确、有着例行的满足感的时候，工作世界会带给她各种慰藉。今天的职场对一些女性有无限的吸引力，她们可能不知道如何在不危及婚姻的情况下优化家庭劳动分工，却可以依靠法规来确保办公室里的公平（也不需要她来打扫办公室）。对中产阶级女性而言，公共领域的机会平等可能已经揭示了很少有什么家庭娱乐可以媲美有酬工作的兴奋和乐趣。[8]“工作与生活的平衡”这个概

[8] 这对女性主义运动意义重大，因为不同类型工作的职业经验有明显的差别。长久以来，人们已经注意到了让人不甚满意和重复性的“麦工”（麦当劳店员式的工作，低薪、乏味且没有发展空间——译注）与更令人向往、有创造性和弹性的“曼工”（指IT企业工作，以生产苹果公司Mac系列产品为代表——译注）之间的差别。西方工薪阶层的女性主义者显然也涉及这个问题，她们的弹性工作环境可能会依赖于当地服务业和更远地区的流水线制造业。我将在结论部分再次讨论这些问题，关于全球女性劳动分工的更多研究，参见艾伦瑞克和霍克希尔德（2004）、格雷格（2008）、萨森（2006）、安德里亚塞维奇和安德森（2009）。

念是有缺陷的，“不仅因为它似乎是在女性进入全职工作岗位之时出现的”，淡化了福特主义经济中至关重要的性别规则（另见帕特曼，1988；米特罗普洛斯，2006）[9]，它还冒用了“一种经典的（马克思主义的）对劳动异化的理解”（阿德金斯和乔吉宁，2008：144）。然而，“只有异化劳动才需要通过居家、家庭和闲暇来平衡或减轻”（同上）。在一个不断鼓吹创意工作的地位和回报的文化语境里，需要这样一个新的术语，事实上就像新媒体工作有意打破工作和娱乐的界限一样。[10]

本书提供的证据表明，职业工作带来了快乐和成就的新类型，堪比那些在先前的历史形态中受到青睐的身份标签。这正是在线技术及其不断延伸的应用程序名单最终呈现给我们的。这些快乐和亲密感确保了职业劳动者心甘情愿地在有酬工作时间之外投入劳动，同时也有了理由放弃那些阻碍它们的其他形式的经验和满足感。近年来最成功的网络平

[9] 在福特主义经济时代，家庭分工通常是女性在家照看孩子、料理家务。“工作与生活的平衡”既鼓励女性走进职场，又要她们承担传统的家庭责任。——译注

[10] 2009年末在纽约新学院大学举行的“作为游乐场和工厂的互联网”研讨会，是最早对数字和互联网产业中出现的工作环境进行理论研究的尝试之一。会议的演讲者、主题和报告的列表见网页http://digitallabor.org/（2010年9月6日访问）。尤其是受到罗斯（2003）和特拉诺瓦（2004）的开创性研究的启发，会议组织者试图在一个“游戏玩工”的时代（库克里奇，2005）确认政治上的利益关联方。这些学术讨论的美国城市背景不是偶然的。本书的目的之一就是证明那些引领最前卫办公场所的构想可以对主流文化产生更大的影响。

台和社交网站，都建立在故意混淆工作与友谊的基础之上，这正是多年来专业的中产阶级办公室文化的特点。“联络”功能在全世界的办公室软件包里都占有主导地位，进一步加剧了在职业规范和个人礼节之间刻意制造的界限模糊。尽管很多人极力表明这些发展是积极的，Facebook一类网络平台烦琐的服务条款和模糊的隐私设置，都显示出把中产阶级商业文化变成一种新常态可以获利。

如果说亲密关系的话语有助于解释工作迷人、诱人的一面，包括后续章节中详细阐述的社会维度，那么它也促使我们认识到这些层面很容易与资本主义利润紧密结合。网络文化有难以置信的对友谊进行量化和工具化的能力，这是本书着重指出的主要趋势之一。从这个意义上讲，理解我们的工作亲密感有助于查明，转向以工作为中心的身份认同和文化会带来怎样的危险。也就是说，当我们建立亲密关系的能力经常被用来追逐竞争性的职业利益之时，我们将面临一种可能：意识不到非功利的亲密关系对人的益处。这给社会造成的后果当然是令人不安的，因此，及时回顾历史可能有助于弄清，应该在多大程度上对这一趋势保持警惕。

关系网的历史

收发电子邮件的移动电话和无线笔记本电脑只是一系列永远在线设备中的新产品，它们创造了充足的机会让我们在办公室以外的地方工作。这些设备给如何定义职业精神提出了新问题，因为在新的办公条件下，工作时间进行了调整。今晚我喝完最后一杯酒，还要回复邮件吗？我必须在Facebook上跟同事加好友吗？我儿子是否知道，我在另一个房间完成这份早该完成的报告的时候，其实正在看他的发言？甚至是我的老板知道我什么时候在工作吗？

然而，这种处境与以往的办公室生活的状况究竟有何不同？我们试图理解网络文化的新奇之处，却很少有人注意到当今社交网络的实践与过去几十年白领工作的实践存在关联。[11]这产生了一种连锁反应，导致人们忽视线上社交文化的独特之处，本书第二部分将对此进行详细阐述。1936年，一本低调的自助小册子引起了商界读者的注意，他们正在寻求在职业环境中如何处理举止、礼仪等问题的建议。这本书最初汇编了作者戴尔·卡耐基的一系列演讲，《如何赢得朋友和影响他人》介绍了一整套对生活和商业有用的技能。书中传授的技巧包括如何赞美他人、如何对同事表示友好与真诚，以及如何道歉让人接受，所有这一切都有助于确保职场中的长期合作。对今天的读者来说，卡耐基搜罗逸闻趣事的写法可能有点古怪，但其销量超过了1500万册，影响十分持久。这本礼仪手册不但提供了一份白人男性商业文化的重要档案（尤其是在它的早期版本中），也标志着我们

[11] 媒介研究中的一个例外是艾莉森·赫恩（2008），她把在线社交网络及其创业精神放到我提到的这一漫长历史中进行考察。

称之为“自主管理”的整个领域的发端。[12]卡耐基这本书是一个时代的遗留，那时在办公室工作的女性还不多见，男性靠名声生存，而一份工作从表面上看是终身制的。正如电视剧《广告狂人》展示的，在这个白领世界里，商务人士的首要任务是培育一个值得信赖和讨人喜欢的人格，可以换取一定程度的职场安全。在人力资源战略和入职培训出现以前，《如何赢得朋友和影响他人》扮演了一种在未来将蓬勃发展的商务手册类型，帮助劳动者找到适合职场的恰当行为方式。在那个年代，为日益壮大的中产阶级提供专业服务的想法尚未深入人心（参见艾伦·刘，2004，第 2 章）。卡耐基的经典著作提供了一个早期范例，帮助我们理解友谊和商业是如何被故意混淆的，这是本书持续关注的问题。

此后许多年里，包括威廉·怀特（1963/1956）和赖特·米尔斯（1951）在内的众多作者推动了对白领思维模式的社会学解读。例如，怀特在 20 世纪 50 年代提出的“组织人”是一种勤勉的流动型员工，希望通过攀登事业阶梯，

[12] 书店通常把面向女性读者的书放进“自助”类，而为男性读者提供类似建议（建立自信，改善沟通和取悦他人的技巧）的书却常常出现在“商务”架上。主流报纸的“商务”副刊与“生活方式”副刊相对应，前者的目标读者范围是这一非正式的认识论策略的另一个例证。资本主义职场越来越需要所谓“女性的”沟通技巧，关于这一现象的最新讨论（易洛思，2007；哈特与奈格里，2009）打破了对亲密关系获得的回报进行的市场/非市场区分。然而，如果说女性建立亲密关系的能力获得了主流认可的话，那也只是发生在本书描述的从友谊中获利的广阔背景之下。

穿越一系列前后相继的“公司城”。怀特的书名抓住了这种相互关系，既表达了人们所期待的劳动者与雇佣方之间的忠诚，也是对盲目的企业野心的谴责。事实上，怀特的著作仍然在谈论这样一个时代，人们相信“社会公德”可以通过与优秀企业建立联系来获得。只要公司能在社群中持续提供一种令人信服的职业叙事和让人羡慕的职位，劳动者就可以凭借对公司的奉献获得回报。怀特区分了机构中“全面发展的人”——成功但又不太成功的人（1963：125）和“高管”[13]，他亲切地称后者为“不那么全面的人”。全面发展的劳动者遵循“你忠于公司，公司也忠于你”的原则，怀特分享了他的独到观察：

> 对于过度劳累这个问题，他们的态度是很坚决的。他们想努力工作，但不要太辛苦；美好、平和的生活最重要，享受生活和取得成功之间并无矛盾。他们觉得普通高管的工作太辛苦，他们谈论得最多的话题就是前辈一心一意为工作奉献的愚蠢行为。

怀特进一步观察到：

> 那么，聪明的年轻人出于需要以及天生的渴望，

[13] 怀特在《组织人》的这一章说明了他的讨论对象主要是高层管理者和可能会晋升的优秀中层。——译注

> 会享受自己的生活——花大量时间陪伴孩子，有一些好的爱好……没有特别突出，也不过分缺乏热情。他要成为中间状态的人。（1963：127）

与此相反，怀特著作的第三部分描述了高管的生活，标题就很能说明问题——“组织人的神经官能症”。

> 这些人的共同点是平均每周工作50到60个小时。通常分解成如下情况：高管每个工作日都会在办公室待大约九个半小时。每五个工作日有四天晚上要加班。他会在某天晚上被安排参加商务招待会，另一天晚上可能在办公室度过或参加在别的地方举行的冗长会议。
>
> 还有两个晚上，他回家。但那里不是他可以退守的庇护所，而是办公室的分支。只有少数高管能拥有一间配备了录音设备、计算器和为他们日常生活准备的其他设备的房间，但他们当中大多数人都有一个固定习惯，就是在家里做大量的商务阅读，有些人发现这是完成最严肃的商务电话工作的最佳时机（“我在家里做了大量电话抽查”，一位高管解释说，“这个时候我有更多的时间。另外，从家里给他们打电话的时候，大多数人都放松了戒备”）。

怀特描述的情况大概比“黑莓”[14]早了50年，但这是当代办公室文化的一个引人注目的预兆，“在一家公司，顶层高管建立了一个录音机库，服务于那些想带回家的高管们，让他们进行更多的晚间和周末劳动。几乎所有公司的5天工作制都纯属虚构”。

这些细节使我们认识到，科技长久以来促成了特定的工作风格和偏好，尤其对商务人群而言。不过，怀特继续考察了人们选择以工作为中心的生活方式的根本原因。怀特分析说：“这位高管在谈到他为何工作的时候，没有首先提到服务社会或来自公司的压力，也很少把家庭作为原因。他谈到了自己以及内心的魔鬼。他工作是出于一种自我要求。”对这类性格的人来说，工作是他们考虑的首要问题。尽管他们的妻子、医生和朋友都告诫过他们工作过于辛苦，这位高管仍坚持说外人“不理解”（1963：139）。在阅读本书的过程中应当记住这些话，它们呼应了许多受访者用来解释为何在家工作的那些语言。当新技术把公务的接入变得轻而易举的时候，不仅是机构的领导者、管理者要被迫劳动，普通员工和最初级的雇员都表现出了怀特笔下高管所具有的习惯和性格。从他的分析角度来看，今天的职场中有越来越多的员工变得“不那么全面发展”。

在这两位作者中，赖特·米尔斯或许更具批判性。《白领》提供了一个更为广阔的历史叙述，展示出美国在从农业

[14] 黑莓手机的主要特色是商务功能。——译注。

社会转入城市化社会的过程中，职业和人口状况发生了怎样的变化。通过这些描述，米尔斯表达了对 20 世纪 50 年代专业人员阶层出现及其特殊困扰的一种预感。从一个时代的庄园制社会到自治的世俗主义盛行，米尔斯预言，个人将会在未来的工作关系中面临更多的困难。他警告说，“在这场从威权到操纵的转化中，权力从有形遁入无形，从已知转为匿名。随着物质生活水平提高，物质剥削变得越来越弱，而精神剥削却越来越强”（米尔斯，1951：110）。艾伦·刘在《酷的法则：知识工作与信息文化》（2004）中发展了这些观察。刘的这部著作覆盖面很广，是最早对网络文化如何影响企业实践作出全面理论分析的作品之一，他在书中提出应当考量“现代情感体验的基调”，我们不仅要关注私人生活领域，也要关注“现代性的不受个人情感影响的大型机构，尤其是办公场所”（2004：89）。和米尔斯一样，刘认为转向都市办公室工作的重要特征是对情感的合理控制：

> 无论孩子学会在父母面前控制脾气有多重要，现在更重要的是父母要学会在一个与农场、小镇相隔绝的工作场所中控制自己的愤怒、怨恨、高兴、欲望、分心或厌倦，离开他们所习惯的情绪场域。（2004：90）

在刘的描述中，办公室包含了现代生活中成功所需的举止、技巧和人际关系等方面的主导规则，卡耐基的书也预示了这一点。在这里，我们可以注意到诸如线上社交网络这样的实践活动，在今天是如何扩展了想要掌握事业成功必备技能的劳动者的范围。刘对职场文化的最新解读表明，他坦率地放弃了对精英管理[15]或就业保障的留恋，这些东西一向被看成是员工地位提升的重要组成部分。在他写作的时候，大规模裁员在白领工作中已司空见惯，刘解释说，现在要成为“一名专业人员、管理人员或技术人员，就得把自己的职业资质建立在一种比以往更不稳定的知识基础上，这种知识随着每一次新的技术变革、经济周期或自己生活中的裁员，都必须去重新学习”（2004：19）。与早期作者描述的线性职业道路不同，这种经历造成了知识工作“无所依凭的忐忑，持续不断的焦虑”，包含自我审查、终身学习，以及表现出公司化的“酷”（同上）。

刘的“职业化的酷”概念借鉴了女性主义理论史，后者证实了“情绪劳动”在一系列职业中的重要意义。在美国，阿莉·拉塞尔·霍克希尔德（1983）开创性地展示了服务行业的“情动”劳动，跟看似更辛苦的“体力”劳动一样，这种劳动也很耗精力。霍克希尔德对空姐和停车管理员的早期研究表明，在情绪波动的状态下与大众合作，可能会产生创伤性的心理影响。雇员努力左右他人情绪、开展“微笑服务”，自身却存在心理健康的风险。因此，劳动者都习惯于“深度扮演”，让工作需要和自己的愿望最终达成一致。霍

[15] 精英管理（meritocracy）也译作“精英治理”“贤人政治”等，即由能人来管理机构、组织或社会的事务。——译注

克希尔德提供了关于精神剥削方式的重要的经验观察，米尔斯预言这种剥削会在越来越多的工作中出现。

当代办公室生活中弹性工作的人格面具进一步拓宽了这些研究。当服务型劳动者为了商业利益努力控制情绪流露的时候，知识型劳动者的情感劳动却反其道而行之。他们尽量培养情感复原的能力，以应对普通工作日的本体论意义上的挑战。后续章节展示了雇员对工作的投入程度以及随之而来的疲惫感——无论是源于资源匮乏的办公室对工作的即时要求，还是来自不知道某天会发生什么的持续焦虑。刘刻画了这一工作新景观，描述了“无数倒霉的中层管理者被解雇，不可逆转地从传统的就业保障和事业发展之路转为接受一种完全不同的挫折教育”（2004：45）。这种命运是“纯粹的横向职业流动，永远的再培训或去技能化[16]，以及长期的降薪和减少福利”（同上）。虽然这些话是在20世纪90年代经济危机背景下写的，但这种职业中期的不稳定景象反映了本书中许多劳动者的命运。在我们的访谈进行过程中，相当多的受访者遭遇了裁员、职业再培训、工作变动或重新安置。仍在原机构服务的人当中，有一些人不确定他们的前途命运。工作经常被重新设计，安排给不断缩小的员工队伍，尽管在语言和措辞上让他们觉得这是一种赋权[17]。如果

[16] 去技能化（deskilling）是指企业通过引进新技术或非熟练工，减少对熟练工的使用。企业的人力资本投入随之减少。——译注

[17] 企业管理中的“赋权”（empowering）比“授权”更强调员工的自主性。——译注

提前晋升让你觉得无力承担工作量，那就不是赋权，而是没有多少员工能够做到随时待命、持续满足信息工作的要求，缺乏培训和时间不够用是意料之中的事，这是管理层过度节省的另一种结果。

缺乏长远的组织策略，会对劳动者预估其工作量或索要当下的福利产生影响，因为以往的责权形式被彻底改变了。这些职场依靠的是“一专多能团队”，他们“从公司整体战略角度全面监管项目”（刘，2004：46）。我们从项目干事那里得知，他们根据电子邮件需要回复的时间对其进行颜色编码，以便同时应对一系列正在进行的工作，这些工作有着多个利益关联方和层级。初级的公关策略分析师解释说，她经常为忙得没时间回邮件的老板代劳。准母亲未雨绸缪地装好家庭宽带，以便在休产假的时候让她的部门继续运转。影响劳动者角色的功能潜变，是源于工作职责的边界不明确，没有在职场加速运转之后作出相应的调整。由于通信技术提高了处理能力和普遍可获性，工作量一直在加速增长。

情绪劳动[18]

艾伦·刘的著作也提醒我们注意，依靠通信技术进行日常交流的劳动者所需的情感调节和情绪距离的特定组合。当电脑在办公场所普及之后，“不是老板或经理禁止人们在工作中哭笑、叫骂或大声欢呼”。准确地说，“它是一个直接切断了社会交往的单调的格子间，在这里，数据表格不会接受任何幽默或咒骂”（刘，2004：118）。按照这种悲观的观点，软件包和糟糕的办公室设计都阻碍了同事间的社交联系，导致形成不人性化的职场。本书将这一分析延伸到了“后网络时代”的关键时刻，网上的开放式办公室打破了空间限制，但也带来了同事之间过度曝光和强制密切接触的新问题。与此同时，网络平台为无止境的情感表达和自性流露创造了条件，正好传递了刘所担心的在专业办公场所中丧失的情感愉悦。Twitter的推文和状态更新可以不时打破一个人埋头打字的沉闷，尽管还有待观察，这些积极的亚文化能在多长时间内经受住雇佣方的监视癖的考验。正如第5章、第6章解释的，单调的企业办公空间和Facebook上经过编码的亲密关系之间，其实没有明显差别，特别是当越来越多的企业试图利用社交媒体谋利。

[18] 情绪劳动（Emotional labor）和情感劳动（Affective labor）是一组相近的概念。前者源于霍克希尔德的情感社会学著作，表示劳动者对情绪的管理控制活动，后者带有马克思主义理论的视角。见本章注5。——译注

刘认为，知识工作“没有户外娱乐”——反抗通常都发生在格子间和电脑屏幕的同一范围内（格雷格，2009a）[19]。无论男性还是女性，与他们每天离开的毫无生气的郊外住宅区相比，办公场所变成了一个“巨大而难以抗拒的、激动人心的社会共享世界”（霍克希尔德，2005：276）。本书记录了一个时代的来临——管理技术回应了各级劳动者行使自主权的愿望，激发了工作心理需求中最重要的进取心和自尊心。正如吕克·博尔坦斯基和伊芙·希亚佩洛所说，“资本主义的新精神”彻底改变了过去的雇佣模式，因为它“通过给每个人的工作赋予意义来确保工人的奉献，而不依靠强制力”（2005：76）。当代职业具有提供满足感的特性，至少在机构话术的层面鼓励员工成为自我激励的行为主体，随时准备劳动并愿意去劳动，“每个人都知道自己该做什么，无须别人告诉他。不用下达命令就有坚定的方向，雇员可以不断地进行自我规划。他们赞成这个计划，因此不存在任何的外部压力”（同上）。

和刘一样，博尔坦斯基和希亚佩洛也展示了企业如何通过培养适当的情感能力，使员工成为这些职场新要求的共谋者。可以依靠劳动者的“自我控制”，“包括从外部的组

[19] 艾伦·刘分析说，当代信息劳动者的“酷”（cool）文化来自知识工作的体制内部（“从野兽肚子里诞生的”），他们对信息既抵制又迷恋，从不离开格子间生活，这与其说是一种反文化、亚文化，不如说是主流文化的内部分支。应当从马克思主义异化理论的角度来理解这种“酷工作”。——译注

织机制约束转移到人的内在性情”（2005：79）。那些在当代职场中拥有一席之地的人面临着应接不暇的要求，让他们根据目标效率来评估自己的生产效率。自我监督和设定个人目标变成了纪律手段，员工要贯彻企业的经营理念，就必须通过这些手段进行“深度扮演”。雇佣劳动的自主性是有代价的，要不断体现出自己的责任感。

亲密的工作

通过以上概述，我们对近几十年办公室文化的变迁有了一些认识。首先，如果从事领薪工作的人总是依靠社交技巧来进行声望管理、谋求事业发展的话，那么参与这些社交活动的物质和精神回报将不断减少。事实上，正如后续章节要论证的，职业稳定性很难再通过社交获得。更准确地说，社交是一种证明自己有持续就业能力的附加劳动形式。根本性的变化在于，固定工作的稳定不再是社交活动的最终结果，这种活动本身就是工作的一部分。你唯一能认定的是职业稳定性已经变得不可捉摸。就像博尔坦斯基和希亚佩洛解释的那样，对从事信息工作的劳动者来说，“最好的行动是把自己跟人际网络融为一体”。社交的目的是“结束孤立状态，有机会结识他人或者与外界事物建立联系，接近那些有可能产生项目的东西”（2005：110）。在信息工作中，活动的普遍状况比项目的具体内容更重要。雇员的首要任务是

“永远不要缺项目、没想法，头脑里总要有点东西，有所筹划，怀着做点事的愿望与他人接触”（同上）[20]。

在本书中，缺乏“筹划”的劳动者在经济低迷时期是最先受害的。但那些幸存者同样在试图维持多个“项目”的时候付出了代价。雇佣方利用了个人同时履行相互冲突的承诺的能力，逃避了给劳动者提供充分支持和保障的责任。“职业发展课程”被设计出来，化解员工合乎情理的不稳定和超负荷之感，试图缓解他们因不断折腾而产生的焦虑感。再后来，他们被要求接受缩短有酬工作时间或延长无薪假期。这种做法把责任推给了员工，让他们自行培养情感和心理方面的适应能力，去承担没有明确始终的职务和工作量。保罗·维尔诺指出了职场中这种“基础突然缺失”的后果。

> 对特定危险的恐惧，像无法逃避的情绪一样萦绕在工作日里，哪怕只涉及具体的事实。然而，这种恐惧转化成了一种工作要求，一种特殊的交换工具。在周期性创新过程中对自己职位的忧虑感、对失去刚刚获得的待遇的恐惧感以及担心“被甩在后头”的焦虑感，转化成了员工的灵活性、适应性和愿意重塑自

[20] 正是在这一点上，信息工作与所谓的“创意”工作有着最明显的类推关系。我们可以思考这些特点在讨论劳动政治的时候是否普遍有用。很显然，学术劳动也有博尔坦斯基和希亚佩洛描述的所有特征，这进一步证明了罗斯（2004）的观点，即学者的牺牲劳动已经成为倒贴自律型劳动的典型模式。

己。（1996：17）

通信技术在更大范围的转变中扮演了关键角色。众多网络应用程序的监控功能带来了新的困境，社交网站、排班设备、聊天程序尤其是电子邮件为工作上的联络创造了大量的机会和条件。后面的章节将详细说明，劳动者在这一转变了的职业领域里如何保有隐私感，以及在一个有着源源不断的通信和交流要求的网络化办公室里，有哪些有用的生存策略。职业重构的进程正在加快。

劳动政治一直建立在必须对工作时间加以限制的观念基础上。在一个在场感蔓延的时代，如何捍卫离开工作场所的权利变成了被高度关注的问题。如果办公室就在你的手机里，你怎么可能有离开一会儿的权利呢？如果大部分同事都加了好友，员工该如何要求避免工作上的接触？劳工行动主义以现有的话语是无力应对这些挑战的。通信技术前所未有地使工作场所超越了物理限制，正如职场的亲密感扰乱了人们对什么是被迫劳动、什么是自由选择劳动的判断。如果想对后面的故事有个大致的概念，可以注意政策干事珍妮在解释她回复邮件的方式时，是如何把勤奋、焦虑和职业表现等想法混合在一起的：

> 我觉得，如果不回复邮件，有人会认为我有意忽视他们，而不是我还没来得及看……这是很重要的事，也是我作为专业人士的一种自我要求。我想让人

们知道，我在管理这些东西，有时候当你发出一封邮件，没有得到回复，就不知道别人是否在忽略它、处理它、考虑它，或许即将回复——我想让人们知道，如果他们发邮件给我，我就一定会处理。

珍妮的职业意识的一个典型特征是她管理邮件的方式。正如研究中其他反馈显示的，电子邮件这一平台最初是被设计用来解决合作者之间时间表不同步的问题，现在却走到了它的反面。它现在是表明自己与同事共同在场的一种手段，进一步加快了繁忙的办公室日程安排的节奏和即时性。永远在线技术和职场主体性的新形式之间存在共谋关系，对珍妮是一种强有力的规训式激励，促使她忙于邮件事务——要不是有这个原因，这些行为看上去就像是强迫症的表现。因为她承认："我认为自己对邮件的焦虑完全是荒谬的。我只是觉得这很愚蠢，应该克服它。我不认为这是强加给我的东西，它其实是一种个人化的表现。"

无论这是不是一种个人选择、个人癖好，或者仅仅是对职场新规则的一种明智反应，珍妮都是陷入不健康习惯的众多劳动者中的一员。她的这番话表明了自己的工作承诺，却也说明她的工作负担是一种必须单独管理的事务和业绩。她对挨个回复邮件的能力表示了歉意，就好像这是一种个人缺陷。她没有看到自己的经验是各行各业共有的，也没有看到这是普遍的政策失灵的结果，以及这些问题最终都可以设法解决。

平凡的办公室

众多对新经济的报道都是以硅谷或华尔街为主线的，本书最重要的区别在于把写作背景放到了一片毫不起眼的办公区，它们受困于布里斯班繁荣时期的交通混乱。本书描绘了并不迷人但让人感到十分熟悉的现实，我们可以想象一座沉闷的工作站的画面，支配它的是正在运行微软Outlook办公软件的新款戴尔台式机。这是一种普通到有点单调的技术景观，然而这种景观似乎是许多“新媒体”学者坚决加以忽略的。通信设备在主流职业中的应用终结了人们的乌托邦梦想，他们曾以为互联网会给工作日带来革命。虽然典型的朝九晚五的工作有所改变，但本书将表明这些改变是极其有限的。在线技术常常以自由之名，从有望创造更好的工作场所，变成当代工作生活中最麻烦的环节之一，而故步自封的企业界在这方面的作用同样不明显。

在首都机场候机厅喝过鸡尾酒的人都知道，“飞行常客”是移动办公这个新世界的原型。每个工作日都可以看到川流不息的重量级人物，他们一边通过新款黑莓手机下达指令，一边享受免费的机场自有饮料和有线电视。而对大多数留在办公室的人——电话那头执行指令的员工来说，工作场所是完全不同的。后者拥有的工作体验通常是静态、平庸和程式化的，不管地点和日程安排如何，电子邮件和电话每天都堆积如山。科技给这些普通劳动者带来了一堆额外的工作，而且由于大多数职场都有等级制度，逃避的机会是很小的。

他们是住在各类城市的郊外住宅区的工薪阶层办公室职员，知道通勤所需的准确时间。他们不是一群把工作视为“比性更美妙”（特林卡和福克斯，2004）的人，但在收看BBC喜剧《办公室》的时候有一种认同感。就像热维斯[21]的仿纪录片里的人物一样，这些劳动者只能相信，即使是最糟糕的管理文化也能打造出大学一般的快乐和亲密感。他们可能会也可能不会哀叹，自己的个人身份与职业身份之间的差别正在缩小，但如果说本书的研究提供了某种暗示的话，他们会觉得完全无力阻止这一结构性的影响，后者以灵活和效率之名迫使他们作出改变。

过去十几年里，越来越多受过良好教育的劳动者通过协商获得了职业流动经历，在线技术一直在充当他们的导航装置。稍后我们将会看到，这些网络平台提供了联络、共享、相互支援的机会，所产生的人际关系比我们定义为“友谊”的东西更复杂。但与此同时，技术利用了劳动者的不稳定感、危机感和恐惧感，他们面临着不稳定的就业环境和线性职业道路的消亡。其中最糟糕的现象包括忙乱的邮件管理、线上工作，以及对高管和低级别值班人员的手机暴政。过去的一个世纪，白领工作有着我们设想的好处——有保障和可预测性，然而这些好处可能终将消失（勃兰特，

[21] 瑞奇·热维斯是情景喜剧《办公室》的导演、编剧兼主演。——译注

2008)，上述发展就是一种征兆。现代办公室的情感基调就是要求中产阶级专业人士适应待遇和权利的不断变化的形式，而且为了生存，毫无怨言地立刻照办。直到最近，这种情况已经扩大到接受不可持续的信贷债务的打击、长期投资的损失和有酬工作时间被削减。

与“组织人”的职业世界相比，我们已经前进了一大步，尽管很多事情仍然让人感到熟悉。博尔坦斯基和希亚佩洛的著作是对米尔斯的著名定义所作的当代诠释，后者把白领称为“没有稳固的根基，也没有确定的忠诚来维护自己的生活并给它一个中心”的人。米尔斯感叹：“也许是因为，他不知道自己要去哪里，处于紧张忙乱之中；也许是因为，他不知道什么东西威胁着自己，恐惧使他无力。”(1951：16)的确如此，尽管有酬劳动享有相对的特权，办公室生活故事的恒久主题却是恐惧与焦虑的影响。在一个最具工作弹性的时代，白领工作的本体论意义上的独特行为特征呈现出了新的维度(罗斯，2009；吉尔和普兰特，2008)。

本书描绘的专业人士——那些在裁员的打击中幸存下来的人们——看上去将继续他们的既定策略，去应对已经恶化了一段时间的工作环境。通过分享他们的故事，我希望能够开启一段长期的讨论，展望我们未来更好的职场。在当前形势下认识工作本身的价值，有可能产生一种潜在的影响，让人们暂缓奋斗的脚步，反抗那些因新技术而增加的工作负担，即使是最坚定的工作量管理也对它们无计可施。《公事缠身》为阐明这种新现象的后果提供了一种语言，本书即使不是对“在场感蔓延”体验的一曲哀歌，也试图成为一种控诉。毋庸赘言，本书是带着感慨来写的，为什么连最富裕的国家也不能吸取教训、重视劳动者的价值？

Work's Intimacy

第1部分

势在必联：对新媒体的商业响应

第1章

推销弹性职场：创意经济和新媒体拜物教

布里斯班通往大马士革之路的实践可能依然曲折。

——马克·拉德洛，报刊评论员

风尚之城

2009 年 3 月，澳大利亚的夏季行将结束之时，昆士兰似乎终于摆脱了一度是其历史宿命的地方主义观念。就在这个月，安娜·布莱成为澳大利亚首位当选州长的女性，而六个月前，另一位来自昆士兰的女性昆汀·布莱斯宣誓成为澳大利亚首位女总督。一年前，一个昆士兰人被选为总理[1]，

[1] 即陆克文，澳大利亚第26任、28任总理，前工党领袖。——译注

他任命了一位老同学担任联邦财政部长。北方地区经常因其落后形象和游离于其他地区之外而倍受嘲讽，他们正在酝酿一些大动作。

到了 2009 年，除政治领域的标志外，昆士兰州政府的“智慧之州”战略也表明了他们的诉求，设计这个平台的目的在于投入大量资金以强化首府布里斯班的文化与智慧基础设施。经过大翻修的州立图书馆和新落成的现代艺术馆（GOMA）是刚复兴的艺术与信息区的中心，这两座建筑的对面有一条穿过市中心、风景如画的河流。布里斯班南岸安装了一座旋转的观景摩天轮，类似于伦敦标志性的河畔景观，这似乎表明它已经从 1988 年世博会举办地的原始功能转变成前卫艺术文化的国家论坛。

到了这个阶段，布里斯班已经把自己定位为“风尚之城”。长期担任工党州长的彼得·比蒂（1998 至 2007 年在任）抓住一切机会宣传自己的家乡，布里斯班是他向媒体和州际投资者描绘的热情友好形象的一部分。从这十年的中期开始，这一口号被“创意城市”的标签所替代。[2]布里斯班

[2] 昆士兰的政府发展与工业局2003年发布的一份报告预见了这些变化，记录了这一时期的建设热情。《创意是大生意》可以在昆士兰州艺术局的网站下载，同时还有一个“创意商务工具箱”提供给那些寻找预算、营销和风险管理等方面的分步模板的企业家。http://www.arts.qld.gov.au/publications/resources/index.html（2010年9月20日查阅）。这是一个在政策上有远大抱负的时刻，格罗威尔（2010）提供了一些有趣的补充说明。

的变化似乎证实了这些协同推进的宣传活动有丰厚的回报。一座新的“绿色大桥”[3]横跨CBD以南的河流，减少了城市主干道的通勤交通，利用布里斯班的亚热带气候，建设了越来越多的自行车道和步行路线。往北走，早餐溪和博文山周边房地产开发项目的工地上已经彩旗飘扬。大片新出让的商业用地有望为当地上班族提供一个国际化的游乐场所，还要在水滨配建鸡尾酒酒吧和豪华电影院。新市长、自由党候选人坎贝尔·纽曼雄心勃勃地着手打造一个地下隧道系统以缓解交通拥堵。与此同时，连接CBD南北的人行天桥规划有力地证明了该市正在阔步前进。

这些重大建设项目带来的整体影响考验着常住居民的耐心，他们已经对移民涌入城市感到担忧。作为回应，地方议会发起了一项战略性的宣传活动来缓解市民的焦虑。“2026 住在布里斯班”从政策上确立了该市未来发展所需的乐观主义，尤其是当政治腐败的历史已经严重损害布里斯班曾经的自豪感。[4] 布里斯班推广局的首席执行官约翰·艾特

[3] “绿色”是指大桥配有自行车道和人行道，减少污染、节约能源。——译注

[4] 市议会网站解释说，“2026住在布里斯班”回应了种种舆论压力，例如“更多的人把布里斯班当作家园”“燃料价格持续波动”“气候变化是一个前所未有的全球性挑战”“很多行业经历了技术人才短缺”。该活动的“愿景主题”包括：把布里斯班转变为“友好安全的城市”“智慧繁荣的城市”“清洁绿色的城市”“积极健康的城市”“精心设计的亚热带城市”以及“区域性和世界性的城市”。我最感兴趣的关键点是这一设想——“充满活力的创意城市”和“无障碍互联的城市”。http://www.brisbane.qld.gov.au/ BCC：BASE：：pc=PC_215（2009年5月13日访问）。

肯解释说："我们想成为一座清洁、绿色和可持续发展的城市。我们正从全球化角度审视自己的未来所在。"然而，报道这一转变的报纸文章很快指出，"对于一座仍然在国庆节这天以蟑螂大赛为荣的城市而言，布里斯班通往大马士革之路[5]的实践可能依然曲折"[6]。

在所有这些发展中，最引人注目的是昆士兰科技大学凯文加福校区的文化创意产业园开园。文创综合体为当地人提供了一系列培训和学习的机会，他们可以畅想在政策制定者力推的最合适的文化领域里工作，文创综合体也突出反映了这一时期政府投资的重点。为了建设这一校区，整个郊区从住宅区、废弃军事用地的混合体变成了艺术剧院、报告厅和时尚工作室。促进社会融入被提上议程，以确保住房安置对象与学生们共用熟食店、咖啡馆和超市，构建了一个新的

---

[5] 蟑螂大赛是澳大利亚的一种民俗娱乐活动，每年1月26日（国庆节）举行。"通往大马士革之路"意为走向转折之路，出自圣经《使徒行传》。——译注

[6] 这些评论的作者马克·拉德洛在《澳大利亚金融评论周末版》（4月9日至13日，第12页）刊载的《布里斯班塑造自身形象》一文中引用了艾特肯的话。在本书覆盖的这一时期，拉德洛经常用类似拳击里的一记重拳来结束关于布里斯班经济发展的专栏文章，这种倾向本身就象征着悉尼、墨尔本等其他的澳大利亚金融中心对这座城市的轻视。另一篇文章的结论是"昆士兰的情况改变得越多，他们就越在原地踏步"。"C'est Bon"（南布里斯班的一家高档法餐厅）的网站上有一则提示，提醒那些没有紧跟城市财富暴增的居民："着装：任何时候都必须穿鞋和衬衫。"（马克·拉德洛和米歇尔·辛格《价格也上涨了》，《澳大利亚金融评论周末版》2009年1月17日至18日，第6页）

“城中村”（克莱比，2006）。在 2009 年 5 月的澳大利亚年度电视大奖颁奖典礼上，主演电视剧《墨尔本风云》的明星盖东·格兰特利举起最杰出男演员奖杯，他特别感谢了昆科大的培训对他的成功所起的关键作用。不经意间，创意产业品牌已占据舞台中央，昆科大对民族文化的发展功不可没。随着南部各州面临金融危机的巨大影响，布里斯班已经作为澳大利亚理想的创意城市，变成了与悉尼、墨尔本相抗衡的真正的竞争对手。

一年以后，情况发生了巨变。州长布莱计划出售重要的州政府资产，以便在金融危机中保持偿付能力，她的权威此后消失殆尽。CBD及周边地区的主要建筑项目和房地产开发项目都暂停了，等待后续的资金支持。商业媒体对布里斯班天际线上塔吊数量的下滑表示了遗憾，这是行业不景气的一种通俗说法。布里斯班的轰鸣声短促有力。它的影响很难惠及那些十年来涌入城市、希望分享果实的众多劳动者。[7]当人们急于拥抱新的知识经济带来的好处之时，本章分享了这一时期的教训，即把对美好未来的希望寄托在城市品牌塑造的工具化实践上。出现问题的原因在于，布里斯班对知识经济的工作生活还缺乏真正的经验，它只是全球性的创意城市政策规划方案的一个模板。创意产业教育政策的成功，持

[7] 本章是在2011年1月发生特大洪水、毁坏布里斯班大量市政基础设施之前写的。这一重大事件进一步威胁到该市的持续繁荣，尽管它似乎重振了州长的威望。

续影响着本土学生和留学生的学习以及职业选择，正如昆科大文创园的研究部门在影响国际讨论方面发挥着重要作用，该文创园也是推动创意和创新的澳大利亚研究理事会（ARC）所在地，后者规模很大且涉及多个利益关联方（参见弗卢和坎宁安，2010；基恩，2007）。除揭示这些高层决议的推动作用外，本章还阐明了城市不断变化的经济命运所产生的人文效应，为本书其余部分讲述的亲密关系的故事打下基础。

智慧之州

金融、学术和政治利益的独特结合，推动了布里斯班的“智慧之州”品牌塑造。[8]昆士兰州的黄金海岸已经转型成为承接美国外包业务的影视制作基地（沃德和奥里根，2007），布里斯班的创意城市身份就是在这个基础上建立起来的，这是州政府认可的文化劳动投资的最鲜明的案例之一。在理查德·佛罗里达的《创意阶层的崛起》（2002）出版并引起决策层热烈回应之后，更宏大的故事铺展开来，上述本土经营活动只是故事的一部分。许多人从佛罗里达的书

[8] 作为战略的一部分，甚至车辆登记的号码牌都发生了变化，允许居民选择在车上使用新的“智慧之州”标语，以代替昆士兰更传统的“阳光之州”标识。

里提炼出的信息是：艺术和符号工作者可以成为提升城镇地区的生活质量、包容度和文化多样性的一剂良药。

世界各地的城市都做出了一系列努力，规划出区域来吸引这些有才华的、通常较为富裕的打工人（奥克利，2004）。针对佛罗里达的理论和研究方法，出现了一系列的批评（洛文克和罗斯特，2007；班克斯，2009），但并未打消政治家和商业投资人的热情，他们要寻找解决城市衰败和社会失范问题的方案，这些问题是伴随着向后工业经济的转型而来的。创意城市战略对于在更大的“酷炫不列颠”框架下进行的英国城市复兴有重要作用，该模式为许多有着不同行政管理方式的文明和国家持续提供了难以抗拒的经济繁荣的愿景（普瑞特，2009；波兹和坎宁安，2008）。

尤其对布里斯班而言，在前州长约翰·比耶克·彼得森的威权管理结束以后，智慧之州战略和创意产业的政策导向为这座城市的重构提供了机会。在整个 20 世纪 70 年代，昆士兰独特的政治代表制度使强大的地方选民团对选举施加了过多的影响，维护了保守的国家党的执政地位。由于州议会只有一个议院以及因此缺少立法审查机构，政府可以对城市里的年轻人进行监视和恐吓，尤其是针对活动人士和艺术家。专门的法规允许警察无故驱散社交集会，使得任何形式的抗议都变成非法，还带来了阻碍独立音乐和文化活动发展的潜在效应。声名狼藉的月光巡逻队在白天加强了对非主流生活方式和着装方式的原本就很严厉的管制（莫里森，2007；斯塔福德，2006）。

在这种背景下，布里斯班需要一场大规模的品牌重塑运动，克服那些被“胖叔”与普拉马特斯乐队在朋克歌曲《猪城》中铭记的观念。[9]过去几十年里怀着恐惧离开的众多居民需要一个保证，即他们可以回到有安全感和支持他们的家乡，正如州际移民需要这座城市的姿态已经发生改变的有力证据。从这个意义上讲，布里斯班符合安德鲁·罗斯的观察，对于在全球化市场中寻求竞争优势的城市而言，“放手一搏的因素”伴随着创意产业的潮流（2008：33）。从表面上看，这些政策的受益者似乎是那些处于被推动的经济的核心位置的员工。但实际上，人们关心的重点并非可持续的工作模式，而是创意“枢纽”周边涌现的精品街的房地产价值提升。布里斯班的旗舰报纸《信使邮报》这一时期的专题

[9] 《猪城》现在也是安德鲁·斯塔福德的一本很成功的书，内容围绕2007年昆士兰音乐节上举办的一次全天音乐会，向那个时代的地下朋克乐队致敬。参加了当天活动的拥趸评论说，州政府批准支持这项活动是荒诞的，甚至是虚伪的，他们持续的强力干涉使太多的音乐无法在原来的语境下表演。对这些长居于此的居民来说，上届政府造成的创伤并没有因为城市新面貌的出现而愈合。音乐会前一天，我在昆士兰大学的批评与文化研究中心帮忙组织一场研讨会，当时的许多音乐人和活动人士聚在一起进行讨论和反思。摇滚乐评论家克林顿·沃克指出了现在的社团聚点跟他过去几十年记忆里的差别：“回到昆大真是太好了。我以前经常到这里来。为了买毒品。”活动的完整音频可以从以下网址获得：http://homecookedtheory.com/archives/2008/10/10/ farewell-to-pig-city/。

报道也在畅想经济繁荣的愿景，把城市的功能可见性[10]吹嘘为“企业总部的天堂”。[11]这些公关新闻出现在报刊的商业与就业的专题插页中，通过与其他城市的比较，强调了本地的商业办公空间令人满意的租赁价格，州政府试图以优惠税收政策吸引其他地方的企业。[12]这些专题报道主要面向本地读者，所以它们在保持那些已经决定“北上”的企业主和总经理的士气方面起到了关键作用。然而说到底，报道的兴趣明显在于企业。相比之下，在新兴的知识经济和服务经济中就业的劳动者并没有得到多少关注。

布里斯班的繁荣

布里斯班人口结构的变化很快在海滨地区高级公寓的数量增加中得到了体现。在类似新农场地区的城市近郊住宅

[10] 功能可见性（affordances），也译作可供性，指物体（包括劳动者）对自身功能的呈现。心理学家詹姆斯·吉布森用这个术语来表示物品所具有的、基于使用者身体能力的操作可能性；人机交互专家诺曼把它定义为：物品自身呈现出怎样使用它的视觉特征，例如剪刀手柄上的孔洞。——译注

[11] 该报的专题插页《Career One》2008年1月推出的封面故事里有这一口号，而“办公室向北”专题则声称“企业正排着队把布里斯班当作家园”（托尼亚·特纳，2008年1月26日，第6–7页）。

[12] 理查德·布兰森决定把他的维珍航空队的基地设在布里斯班，这一事件可以视为这段漫长历史中的一次早期拓荒，产生了持续十年的商业自信氛围。参见特纳（2000a，2000b）。

区，旧的寄宿旅社和标志性的“昆士兰人”牧场式住宅已经按照更赚钱的多人共有的方式大量售出。本研究进行的几年里，众多的高端地产重建项目完成了规划和建设，其中之一是紧挨着改造后的发电厂表演艺术中心的一个旧的变电站，艺术中心本身也是在一个较早工业时期的发电厂基础上改建的。新农场地区拥有开阔的河滨公园和两周一次的农贸大集，无论是婴儿潮一代[13]寻求生活方式的改变，还是从生活成本更高地区来的年轻人实现水景房的梦想，这里都是一个理想地点。附近的独立区域滕纳夫开设了高档家居用品商店，为供过于求的loft风格公寓提供服务，这些公寓都是在弃用的航运仓库中诞生的。这一典型的后工业绅士化过程，利用了风景如画的废弃货运区，把旧经济的工作场所变成新经济的居家休闲空间。这里需要增加额外的公共交通服务，为大量涌入的居民提供通勤保障。与此同时，互联网创业公司、广播传媒公司、设计时尚企业为城市新贵们创造了更为便利的就业机会。咖啡馆和酒吧的数量稳步增长，满足了这些有钱无闲的职场顾客的消费习惯。

布里斯班从“寂静小城”变成了“时尚城区”，毅力谷

[13] 婴儿潮一代是指“二战”以后到20世纪60年代初出生的人。——译注

地区的复兴是这座皇冠上的一颗明珠[14]。这里一度是同性恋、朋克和怪咖的深夜避风港（更不用说不久前这座城市里的腐败警员），地方议会与创意产业研究者的合作提供了经济模型和研究数据，证明该地区作为“特别娱乐区”的可行性（弗卢等人，2001）。毅力谷于 2006 年 7 月成为全国首个获得这一身份的夜店区。抗议这一开发项目的原住居民遭遇了资金充裕的广告宣传攻势，这些宣传突出了该地区的新口号“我高调，我自豪”。在深夜狂欢的规定时间内，包括特别路牌、限速、警察巡逻在内的一系列措施发挥了作用。每个周末都有成千上万的远郊狂欢者来到这一地区，地方新闻媒体的大量公关活动向他们的父母保证，这里是有安全保障的。[15]

2008 年 8 月，《澳大利亚人报周末版》杂志封面描绘了布里斯班正在迅速摆脱澳大利亚文化审美中的“丑小鸭”形象。人口学家伯纳德·索特是常驻该报的时评家，他通过自己的观察给这座城市定了个调：“布里斯班过去一直是澳

[14] 布里斯班2007年在国家级媒体上的宣传推广里有一句口号“躺平在布里斯班”，以此来回应以往对该市的刻板印象，后面的括号里写着“只要您愿意”。这是为了抓住两个潜在市场：一些人非常喜欢刚刚形成的市中心夜间经济的“我高调，我自豪”的形象，而另一些人仍然需要亚热带气候和海滨生活的慢节奏空间。

[15] 相比之下，同性恋报刊记录了伴随大量短期游客而来的语言暴力和肢体暴力的持续增长。室内全面禁烟，加上凌晨3点的“封闭政策”（防止在场地之间乱窜和街头暴力），实际上造成了大量醉酒青年在露天场所聚集。关于悉尼语境下类似的治安管理以及对同性恋人群的连锁反应，参见雷斯的报告。

式郊区的跟风者……然而现在，创造型人才觉得没必要离开这里。这太让人兴奋了，因为它起点很低。”这篇文章只是欢庆第三届“梅赛德斯–奔驰时尚节”的杂志专号中的宣传材料之一，时尚节是布里斯班向上攀升的另一个晴雨表。索特在赞美这座从其他州涌入大量居民的开放城市之前，毫不犹豫地谴责了它繁荣前的形象。“现在，它有点像个煎蛋。”索特这样形容这座城市，“它有一个高密度、时髦的市中心，向四周延伸至斯普林山、新农场、加巴和西区，所有这一切很好地结合在一起。”

这样的评论让我们再一次想起罗斯（2008）的观点，他认为“创意”城市之所以成功，在某种程度上是因为网罗了饱学之士的评论，为投资者提供有利可图的房地产投资热点。这些文章很少提到从事创意产业的实际人群的工作经验，也很少提到长居于此、忠于布里斯班的本地人的观点，后者并不在乎政治形势和投机商的兴趣。同年一月，索特把昆士兰州形容为澳大利亚的“彼得潘州”，因为它“有能力吸引年富力强的劳动者成群结队地到来”。这些文章畅想的风尚之城是一个拒绝老人、失业者和穷人的世界。索特在《澳大利亚人报》上对布里斯班的描绘表明，昆士兰以外的读者只关注一些有限的点，这家报纸是为数不多的面向全国读者的报纸之一。然而，若是对这座城市的历史有所了解，就会明白他的老生常谈进一步表明了为什么要加快创新步伐。多年的意识形态专制和根深蒂固的市政腐败严重损害了外界对这座城市经济潜力的评估。

在地方层面，新闻报道以积极乐观的态度赞美了布里斯班向夜生活和精品购物区的转型发展，这些报道迎合了不断增长的内城人口的需求。众多的作者和读者有选择的余地，既然他们没有亲历过，也就不必纠结于这个州糟糕的过去。布里斯班的年轻居民以及从更远地方来的移民，几乎不用把他们的视线放到昆士兰东南角的高密度、高收入的生活方式以外。昆士兰北部和首府都市圈的南部之间已经存在鸿沟，就像时事评论员所说的“双速经济”一样，鸿沟在经济繁荣时期只会不断拉大。这一圆滑辞令避免了更具对立色彩的现状描述，扎根城市的办公室职员可能还不了解，这个州偏远地区的采矿和能源中心有着完全不同的工作环境，也不了解传统行业是如何为他们在“创意”经济中的鸿运当头做出了贡献。

媒体的声音无疑有助于布里斯班从一个对文化多样性毫无包容的城市，加速转变为提倡这种包容性的城市，把它视为具有文化先进性的生活方式的标志之一。“风尚之城”有没有更具包容性的姿态已经不是问题，而要鼓励城市里最雄心勃勃和充满能量的劳动者留下来，商业修辞层面的观念转变是必不可少的。因为在过去十年间，创意工作的诱惑已经充斥众多其他类型的媒体渠道，向年轻的受过良好教育的专业人士推销自己。正如下一节展示的，同时期的科技产品广告与更大范围的建设相互配合，试图把布里斯班的城市形象提升为都市创意工作者的首选之地。

飞行常客的日益崛起

移动技术给国际旅客带来了更多方便。大多数好的酒店都有宽带，我发现离不开我的黑莓手机，尽管在某些旅游景区查看邮件的时候有点郁闷。

游客专访，《澳大利亚金融评论》

新兴的创意城市给人们提供了休闲娱乐的机会，与之相伴的是灵活而充实的工作文化。互联网泡沫带来的这种风气是美国冷战时期成长的婴儿潮一代人的产物，他们受到了西海岸反体制思想的影响。事实证明，“反文化”和“赛博文化”在斯图尔特·布兰德这类人物身上的结合（特纳，2006）[16]，对科技进入职场的方式产生了强大影响，这符合人们的普遍期待：工作可以脱离并且应该脱离朝九晚五的办公室。到了20世纪90年代，“同样的机器，曾被视为冷战时期专家统治的核心工具，现在又作为该体制发生转变的象征出现”（特纳，2006：2）[17]。正如特纳解释的，在《连线》这样有影响力的商业杂志上，“昔日的反文化主义者、企业高管、右翼政治人物和专家的联合”被证明是一个势不可当的联盟，论证了放松管制、自治的工作文化的好处（另

[16] 斯图尔特·布兰德，美国未来主义者、作家、社会活动家，他1968年创办的《地球概览》是嬉皮士运动的重要刊物。——译注

[17] 这里的“机器”指电脑。——译注

见斯特里特，2010，2005，2003）。尽管存在分歧，这些群体有一个共同的关注点：让工作成为美好社会的最终体现。从今往后，员工的身体和心灵将在新的通信平台帮助下，朝着高效而勤勉的方向发展。

新一代企业家的重要性在于，他们有能力用文化资本去鼓动朋友和熟人，把自己描绘成“他们所记录的社会力量的象征”（特纳，2006：255）。这样一来，一个特定群体（对技术感兴趣的研究人员）的“技术、理论和工作模式”被所有人都视为理所当然，它们变成了“文化的而不只是一种专业风格”（同上）。就像我们在上一章看到的，这些发展在“资本主义的新精神”背景下大受欢迎，后者强调劳动者在去中心化的机构中自力更生，劳动者获得了信任去证明他们的持续就业能力。当代创新型的创业者事业兴旺，他们“灵活地穿梭在城市之间，在合作团队里进进出出，在不断自学的过程中建立他们的知识库和技能包”（特纳，2006：7）。

到了这个十年的中期，风靡布里斯班的科技产品广告揭示了人们对这种企业文化的迷恋程度，包括出现了一种审美化的工作风尚。[18]在本研究刚启动的时候，一系列以“飞行常客”为主角的广告对在线设备进行了描绘，他们显然受益于随时随地办公的便利。在常见的航空公司到达大厅里，随身携带黑莓手机的商务人士被号召“一连上澳洲电信的无线网络，就恢复联络”。沃达丰的广告“现在篇”展现了一

[18] 本节源自笔者2007年发表的文章。

位年轻女性在登机口用她的笔记本电脑连接移动宽带的场景，宣传语是“登机后继续登录邮箱”。这些自主、移动式办公的典型形象进一步证明，个人可以自由从事有酬劳动，不必真正待在办公室里。使用该技术反映了一个人在职场等级中的地位，同样也表明了对工作的奉献。这还是一种应对“停机时间”和隔离状态的办法，它们是伴随着出差旅行的增多而出现的。

随着这些广告的应用范围不断扩大，它们呼吁的口气越来越肯定。首都机场出租车停车处的广告牌提醒来访的经理人“出租车还没发动，工作就可以启动”，杂志广告也敦促劳动者“坐到车子后面，就能回到客户身边”。航空公司候机厅的广告牌上有给人们打气的口号：“20 分钟开卷有益，还是 20 分钟完成交易?”到了 2009 年，澳洲电信的智能手机大肆宣扬自己在“把停机时间变成工作时间”方面的领导地位。这类广告数量激增，就算没有加重出差人员的近视，似乎也注定要增加他们的工作负担。在这个与工作密切接触的时代，要真正享受远离办公室的“自由”和另一个城市的风景，就是在违背保持生产效率的要求。主流商务旅行在克服文化差异和其他商业障碍的过程中得到了蓬勃发展。[19]

电信运营商和硬件供应商同样注意展示办公室以外的

[19] 凯莉·墨菲（2008）在她对“步行站”（一种把跑步机和航空公司候机厅的电脑工作站结合起来的新产品）的讽刺性报道中，表达了自己对永远在线劳动者这种设想的抵制：“在任何地方都能工作的问题在于，我们现在必须在每一个地方工作。”

众多可以开展工作的地点：公交车站（澳洲电信）、公共汽车（沃达丰）、岩壁（索尼）、海滩（艾美特）、双体帆船（澳洲电信）、建筑工地（澳洲电信）、公园（大西洋电信）、咖啡馆（澳洲电信）、理发店（澳洲电信）[20]，甚至是裸露身体的地方（沃达丰的黑莓手机移动邮件套餐）。“中转时间”这一概念从它最初的语境——飞行常客的生活方式，扩展到了更为普遍的“普通”劳动者的出行经验。这些广告宣称在线设备的吸引力在于“到达办公室之前就开始办公”。东芝公司 2005 年开展的弹性工作运动（2004 年东芝调研报告《移动性与不信任》的成果）鼓励员工在家里错峰查阅电子邮件，以便利用好一天中最高效的上班时间。另一些广告则以孕妇在家远程办公为主题，“因为她是生个孩子，不是去做脑叶切除”[21]。这些广告的策略是把家重新定义为男人和女人赢得有酬劳动之挑战的地方，它们是更大的文化语境的组成部分，后续章节中的员工进行看似独立的自我反思就受制于这个语境。广告突出了“便利”“灵活”等概念，在

[20] 澳洲电信2007至2009年的市场营销显示出，这家公司对吸引职业女性群体有特别的兴趣。该公司在行业背景下设立的全国商务女性奖就是这一趋势的突出例证。广告展示了女性在各种地点用笔记本电脑开展工作的场景，并引用了埃莉诺·罗斯福等知名女性的话。其中一段配文是“未来属于那些相信自己梦想之美的人”，被用来形容一位在候机的时候用笔记本电脑工作的女性劳动者。

[21] 脑白质叶切除手术是欧美国家20世纪30年代至60年代使用过的一种治疗精神病的外科手术，创伤大、副作用多，很多病人在术后变得温顺呆傻。——译注

这些技术成为主流应用之前已经做好铺垫，让职场内有了广泛的对技术的公众认知。这些概念的积极含义掩盖了一个事实：在一天中任何时间都可以查阅“无限量的电子邮件”，未必对所有员工都是件好事，即使这已经成为证明硬件制造商和电信运营商的品牌优势的标志之一。

无限制的工作

这一时期，以新媒体技术为特征的弹性职场的广告不断延伸，登上了航空杂志、周末报纸以及商务时政类出版物。移动在线式的工作文化逐渐常态化，体现在多个方面：它出现在大开本报纸的扩大的招聘板块和专题插页中。以普通员工和管理层为目标读者、与工作休闲相关的IT报道也有类似增长；还有在旅游休闲杂志上刊登的科技产品广告，以及讲解建立功能化家庭办公室所需步骤的“操作指南”。这些指南在逐渐冒头的房地产和家居装饰的报道中可以找到，人们在金融繁荣时期对翻修改造的样式有普遍的兴趣（阿隆，2008）。科技产品经常在报纸附属的一系列“特别宣传报道”中占据重要位置。这些教学手段不仅帮助大众读者熟练使用新产品，也为印刷出版物提供了实用内容，改善它们在网络时代下滑的收入来源。随着生活方式专题的插页在大众报刊中成为一种标配，大型科技企业的宣传部门对如何在家中最佳使用新技术提供了大量建议。[22]有偿内容以新闻报道的形式传播，很难把招聘启事、科技增刊与买家指南区分开。与此同时，广告专题听起来就像新闻稿，它们呼应了职场要求和政府政策的一揽子计划。[23]

公关公司和主流媒体生活类记者之间的同盟是一个强大的组合，在这十年间把弹性职场推销给了更大的群体。这种在先前的播放软件领域就存在的互利关系，有助于我们理解为什么新技术原本可以提供更多非凡的可能性，却迅速转变为绝大多数劳动者眼中平淡无奇的东西。主流市民报纸中有关科技产品的专题插页不断增加，推动了新媒体设备的家用化进程，使全球范围内的各类IT企业受益。与此同时，伴随这些重要变化而来的是对这类生活方式的美化（集中体现

[22] 大卫·弗林（2006）的专栏“不用上下班”刊登在《悉尼先驱晨报》icon专版上一个很恰当地命名为“热点”（也有促销的含义——译注）的板块里，它是这一时期把广告当作消息来传播的最突出例证。这篇文章解释了“笔记本电脑领导者”东芝是如何在培养弹性工作习惯方面走在前列，它甚至为读者提供了东芝网站的链接，可以下载一系列供个人使用的指南和资源。另请参见西蒙·曾的文章《整理混乱的收件夹》（2008）对Gmail所作的分步指导、《公告》杂志关于商业IT的文章《无线和IP特别版》（2005）、《悉尼先驱晨报》icon专版2006年6月3日的文章《袖珍办公室指南》。在布里斯班《信使邮报》上，斯蒂芬·费内克（2007）提供了关于利盟无线打印机的概览，他“作为利盟公司的客人，拜访了肯塔基州的莱克星顿”。

[23] 《悉尼先驱晨报》2005年的“基础指南”系列被免费派发给读者，其中包括关于“职场”和“如何高效管理家庭办公室”的小册子（后者由全国最大的电信运营商澳洲电信赞助）。

在苹果Mac产品的“i生活”系列，该系列在整个项目中不断取得成功），掩盖了职业生活为满足网络化、信息化经济的要求而被重组的程度。

东芝公司有一项从2006年开始的营销活动，正是大环境的一个缩影。该广告突出了一台合上的笔记本电脑，外壳上有“办公时间”字样。列出的时间表如下：

07:30—08:30

10:00—13:30

14:30—16:30

18:00—18:30

22:00—22:15

广告文案写道：“工作日的概念已经是过去式……找到你效率最高和状态最佳的时段……过去浪费在倦怠期的时间可以分配给日常工作、家庭、朋友和娱乐。”该广告列举的“工作时间”总量是7小时15分钟，完全符合为工薪阶层白领职员核算的薪酬支付标准。从办公室解放出来不会对工作时间产生影响；相反，无线便携性使人们有机会调整自己的工作安排，以达到通常预期的工时量。借助于本研究采集的劳动者评述（本书下面的部分记录了他们的经历），我们可以逐渐理解在这一乐观愿景中被忽视的个人境遇。

米兰达是一位从悉尼搬来布里斯班的电信公司职员，是我们采访过的喜欢“弹性”工作安排的群体中的一员。米兰达每周居家工作数天，享受它提供的平衡工作和家庭义务的机会。她解释说，与其他地方的工作经历相比，她对布里斯班放松的生活方式感到满意。

> 如果你去悉尼或墨尔本的办公室，环境跟布里斯班这边截然不同。在悉尼或墨尔本的办公室（我刚到布里斯班的时候就注意到了这种差别），你在工作时间内一定是被盯着的，而这边情况完全不同……如果人们在这里工作，从早上九点到下午五点、五点半，或者其他什么时间点，只要工作能够完成，他们不在意其他东西……在悉尼和墨尔本，情况完全不一样。人们习惯被盯着，或者觉得需要被别人看到，因为那边有非常激烈的竞争环境。

米兰达的经理是跨州工作的，几乎不清楚米兰达是否在办公室，因此她可以自由选择在什么地方办公。当被问到通常如何安排日程表，米兰达承认在过去几周的若干个晚上，她都是等丈夫和女儿睡着以后，一直工作到深夜。这些深夜加班是她完成有酬劳动的一种惯用方式。在这之前，晚上的其他时间被用来处理一些杂务：辅导女儿做家庭作业，做晚饭，然后打扫卫生。客厅里的电视陪伴着她，在工作完成前的这段独处时间里减轻了她的孤独。这里是她选择的夜间工作地点，通常白天的劳动地点跟这里不一样：厨房的桌子。

东芝笔记本电脑广告里的弹性工作时间表，假定了人们都愿意并且能够把他们的工作分配在不同时间段。对女性而言，它不能反映在被认可的有酬工作时间以外进行的其他类型劳动。它也没有显示长期查收电子邮件（在办公室内外）的累加性质，以及附加劳动、准备性工作的不断增加。在接下来的章节里，我们会看到有些人让自己的工作邮箱整日整夜地运转。米兰达的经历诠释了这种“轻松”的工作风格，她选择在电视机前做一些不那么难的工作，即使这可能让她持续工作到午夜。她的经历反映了“弹性”话术所忽视的某些僵化和困境。居家办公并不能改变职场文化，截止时间已经设定好了，也无法改变丈夫不愿分担家务的状况。被科技改善的弹性职场只不过是让人们有机会在较长时间内进行灵活安排，当有酬的工作时间结束之时，工作很难结束。

工作风格

快节奏的信息工作平台被科技产品的广告美化了，隐藏着一些被忽视的问题。本研究进行期间，报刊的职场专题的插页中持续出现了许多新现象，我们从中可以发现这些负面效应。出现了另一个系列的教学文章，向读者介绍怎样保持“正确坐姿”，避免“鼠标手”，怎样应对“信息过载”和建立符合人体工学的工作室，以便承受在办公桌前坐着的 8

小时[24]。它们与当下为大型机构员工准备的众多“个人发展方案”属于同一领域。在梅林·曼恩的“搞定”运动及相关的“生活黑客”[25]等流行的现象中也可以看到员工自助的效率机制，它们按照生活管理大师的原则进行了重构，后者信奉“更聪明地干，而不是更卖力地干”（麦肯奇，2008）[26]。在缺乏正式的电子通信管理指南的情况下，出现了一种作为替代品的流行文化，例如“保持限度”的警告（不要囤积服务器空间），看到邮件的第一眼就处理它，以及设置“不在办公室”的线上通告。对组织效率低下和电脑应用激增而言，这些手段也是一种迟来的和明显不充分的回应，后面的章节将对此进行详细论述。

本章对新媒体技术的广告和媒体报道的评述是特纳观

[24] 参见奥康纳（2008）；亨利·布德《收件夹的影响》,《信使邮报》（Career One专刊），2007年10月20至21日；亨利·布德《人体工学的应用》,《信使邮报》（Career One专刊），2008年5月10至11日，第9页；艾玛·康纳斯《查收电子邮件现在是个职场大灾难》,《澳大利亚金融评论》2005年6月3日；凯特·麦肯奇《杀手级应用程序不断兴起》,《澳大利亚人报》IT商业版，2006年4月18日，第4页。

[25] 生活黑客（life-hacking）是指为提高工作和生活效率而使用各种新手段、新技巧，主要集中在时间管理、信息管理等方面。——译注

[26] 参见曼恩的网站http://www.43folders.com/。本研究进行期间，从布里斯班一个旧书展上收集的样本表明，商业自助很难说是个新现象，请参阅：科里斯和勒伯夫（1995）、勒伯夫（1979）、科尔（2001）、阿代尔（1982）、麦肯奇（1972）、伯纳德（1991）、摩根斯坦（2001）和布里斯（1991）。还出现了一本一炮而红的励志类商业读物《每周工作四小时》（费里斯，2007），这本书与布里斯的著作有清晰的共鸣，某些段落甚至逐字逐句地重复。

点的延伸，他认为：通信设备的市场营销最初是面向地位较高的劳动者的，其结果是他们的工作风格、偏好和习惯为这些技术的更大范围应用打下了基础。移动媒体的广告经常把这些具有挑战性的工作的有限特权视为理所当然。与此相应，围绕着所有工作都是“创造性的”这一假设形成了更大的战略框架。思科系统公司 2007 年推销无线网络的广告抓住了这一趋势的本质，广告文案这样写道：“灵感源于无线……没有什么比工作得更好、更快、更聪明，更能激发人的灵感。”思科在《澳大利亚金融评论》“老板”专刊上的另一篇文章扩展了这一主题：“工作不是一个地点，而是一种活动。”一位商务人士在电梯门厅席地而坐的图片，清楚地表达了这一主题思想：“灵感可以在任何地方产生。随时可以。在办公桌前或整个办公楼。”

这一时期科技产品广告描绘的高收入从业者吸引了一大群人，职场对他们来说已经变成日常生活的一个亲密的部分，变成地位、冒险和身份的来源。在线技术推销给了被认为是在从事富有创造性和成就感的工作的劳动者。不难解释，这与大多数雇员的现实相去甚远。对那些在主流办公室工作的人而言，当他们的价值被充分认可，就可以在非常特定的条件下进行创造和创新。保持线上联系的要求在媒体、市场营销和商业活动的主流话语中已成为一种标准，推动了上述工作风格的流行，在科技、弹性、流动性和自由之间预设了一种关联。这些对创意经济的职场的描绘，积极取代了对“互联网和数字化的一代人生活所需的物质和技术基础设施”（特纳，2006：261）的肯定。

> 在信息流畅通无阻的幻想背后，有着无数塑料键盘、硅片、玻璃面板显示器和绵延不尽的线缆组成的现实。所有这些科技产品都要依靠体力劳动者，先是制造它们，然后拆分它们（同上）。

数字乌托邦主义的兴起，把研究和创意领域以外的其他工种安全地挡在我们的视线之外。大量低级别白领工作的单调重复，证明移动精英的吸引力是不可靠的，例如流水线制造业的外包劳动，以及与新媒体设备紧密相关的不受监管的电子垃圾回收。如果像特纳说的那样，“20 世纪 90 年代的科技乌托邦主义者否认他们对任何人有依赖，除了他们自己”，那么 21 世纪的创意阶层只会进一步巩固这种有缺陷的伦理视野。

随着针对文化产业劳动者的政策措施出台，移动媒体设备已经成为全球越来越多城市“波西米亚工业化”的核心要素（罗斯，2004，2009）。对布里斯班这样一个希望把自身形象转变为“风尚之城”的地方而言，这些要素的汇集创造了颇具吸引力的机会。进行州际迁移的人们大可放心，离开大城市的激烈竞争并不意味着失去都市生活的那些迷人之处。相反，为了吸纳一个能说会道、充满力量的新阶层所作的努力导致了其他阶层的缺席。在这座城市从“丑小鸭”变成国家创意经济的“灰姑娘”的过程中，布里斯班文化中许多有特殊价值和独一无二的东西需要挖掘出来，使这里对专业人士的精英群体而言更加宜居。

> 对佛罗里达所说的创意阶层进行“风尚设施”方面的必要供给，通常会体现在公共和私人投资的休闲娱乐综合体上，包括高档酒吧、餐馆、都市健身房、攀岩墙、公路和山地自行车道、慢跑道、旱雪场等——现在已经成了任何体面的“创意城市”战略的关键元素，只有通过这些供给（结合其他要素，如中产阶级的“专业”住房和“行政”住房、艺术品供给，以及有特色的高档购物机会），才能吸引最重要的创意阶层入驻。事实上在城市复兴战略中，创意阶层（或类似身份的阶层）的特定需求，目前比其他人更先得到满足，常常有意地排除穷人和其他边缘社会群体，这种做法是有争议的。（班克斯，2009：676）

在布里斯班的繁荣时期，一个松散的群体享受着这些好处。而且即使是新近到来的居民也无法摆脱这个隐隐滋生的感觉：一种对生活方式进行推广和监管的新制度已经扎根，其特殊性可以跟过去几十年里官方认可和喜好的东西相提并论。

创造力的限度

伴随创意经济而来的最常见的失望是赢家拿走了战利品。明星体制依赖于整个隐藏着的、由毫不起眼的普通个体组成的阶层，帮助和推动少数孤立个体的成功。这种背景性的基础建设很自然地包含了行政和组织层面的支持，认可“人才”的流动性和创造力。与此同时，那些设法在创意行业谋得一职的人，无论是在经济繁荣期还是在衰退期，往往都有自我剥削的倾向，以确保他们持续不断地获得成功。无论哪种情况，职业生涯都意味着一种令人焦虑的命运安排，有着无法预知的劳动时间和巨大压力，但保留了一线希望：地位和自主权将会弥补财务安全的缺失。

通过聚焦布里斯班这个澳大利亚文化经济的新宠儿，本章对创意阶层理论的缺陷进行了分析，包括一些基层的紧张关系，它们在城市向后工业的劳动与休闲的转向过程中产生了影响。我用一段很适合这个主题的逸事来结束讨论。2009 年初，我在某天清晨对本研究关注的一位劳动者进行了访谈。我把车停在她的年代感十足的装饰艺术风格的公寓外面，这栋楼雄伟地耸立在袋鼠角的山崖上。我惊讶地发现，自从上次来过以后，这里已经出现一座巨大的豪华公寓大厦，遮挡了萨姆的房子。当我准备走过去赴我的早餐约会的时候，一群体力劳动者坐在他们刚铺好的水泥地上喝茶休息。

新大楼完工以后，萨姆从她的书房可以看到雅皮士们在围栏另一侧的游泳池里游泳。这一年的晚些时候，她可能会在欣赏前沿文化节表演的人群中再次看到他们，她就是被招聘来组织这个文化节的。萨姆的生活质量已经受到了她所在城市的经济命运的直接影响，因为富裕的创意阶层已经实实在在地搬到了隔壁。从好的一面来看，大都市富裕居民涌入布里斯班，直接推动了萨姆的持续就业。她的合同延长了一年，经过一段漫长而孤独的学徒生涯之后，她正在树立自己作为艺术工作者的良好声誉。她还在昆士兰科技大学攻读创意产业的荣誉学位[27]。

昆士兰的“智慧之州”品牌塑造是一个符合时宜的混合体，跟其他许多地区分享了一个更远大的理想：创造出诗情画意的和谐社会，吸引和回报有才华、有进取心的劳动者。我们现在知道的是，这个令人钦佩的梦想也是真实存在的经济动力，它试图建设一个更美好、更繁荣的未来，摆脱政治历史留下的伤痛。布里斯班的新老居民现在都清醒地认识到，繁荣景象是有可能结束的。他们有理由去追问，这个地方在八小时工作日以外都牺牲了哪些价值。

[27] 荣誉学位（honors degree）是澳大利亚高校的一种学士学位类型，除达到课程要求外，还要提交研究论文，比普通学士含金量高。——译注

第 2 章

居家办公：移动办公室和便利的诱惑

因此，工人只有在劳动之余才能感到自己的存在，在劳动中则游离于己身之外。他不劳动的时候觉得舒适，劳动的时候就觉得不舒适。

——卡尔·马克思[1]

在弹性职场的一切潜在的好处当中，经常被提到的、与在线技术相关的一大好处就是“居家办公”的优越性。几十年来，研究者、雇佣方从劳动者和公司两个角度对这种实践进行了广泛调查。然而，尽管同时期的科学技术取得了重

[1] 卡尔·马克思：《1844年经济学哲学手稿》，德克·斯特鲁克编、马丁·米利甘译（劳伦斯和威斯哈特出版社，1973年），第110–111页。

大进步，这些讨论的面貌在近三十年几乎没有改变过。[2]上一章描述的广告活动提出了一些支持远程办公的最早的论据，显示了居家办公和错峰出行在环保方面的好处。在“石油危机”的年代，尽量减少交通拥堵和汽油成本，是推动城市实施更具弹性的工作安排、推行有责任感和可持续的生活方式的主要原因。

在本章中，员工们解释了他们选择居家办公的最重要的考量因素。尽管有些人看到了包括环境因素在内的更大的社会效益，他们的考虑通常都较为个人化，包括经常控诉那些似乎会导致不健康工作环境的办公室文化。被提到的在办公室以外的地点工作的好处主要有：更好的室内照明、行动自由和轻松无压力。可以经常离开键盘休息一会儿、舒活筋骨、泡杯茶，或者根据任务需要从一个房间挪到另一个房间，这些东西实际上是很小的可选择权，但采访表明它们都是职场里难得一见的奢侈品。

与传统看法相反，很多受访者声称居家办公带来的工作效率提升才是关键。劳动者在家里可以把时间都用在工作上，不像办公场所那样充满了不必要的干扰。不仅是通勤时间减少了，劳动者庆幸在很大程度上避免了一切对他们所能获得的工作时间的中断。正如后续章节将详细阐述的，这与

[2] 参见以下学术研究样本：哈登和西尔弗斯通（1993）、弗洛里克等（1993）、希尔等（1998）、本特利和荣（2000）、塔斯肯和迪沃斯（2005）、特伦布莱等（2006）、贾金德伦和哈里森（2007）。

居家办公给人的固有印象是不一样的，后者假定了家庭的诱惑对员工的效率有负面影响。

最重要的好处是把有酬劳动和其他事务、活动相结合的可能性，包括与孩子互动和对孩子的照看，这使员工们居家办公的时候感到更加和谐愉快。下文将重点讨论女性在多大程度上比男性更看重这些好处，与鼓励她们这样做的强大的公众舆论保持一致[3]。“居家办公”经常被标榜为负担起女性特殊的（生物学意义上的）责任的途径，就好像男人没有参与生养孩子这件事一样。这种双重标准的生命力很强（大企业给女性提供了充足的非全日制岗位，以各种方式为双重标准解释或辩护），揭示出职场文化中的性别规则几十年来几乎没有改变过。本章的女性劳动者说自己是“幸运的”，能够在非全日制岗位上把有酬劳动和无酬劳动结合起来，这些岗位一般不执行标准的劳动时间。这种特殊待遇听上去很不错，加上职场的弹性这一概念天生就是积极的，实际上掩盖了在她们的个人经历中以及更广阔的社会生活中都存在的、未被薪酬化的工作量。

[3] 笔者在《信息经济中女性弹性劳动的规范化》（格雷格，2008）和《做好你的家庭作业：新媒体，老问题》（格雷格，2011）中更详细地讨论了澳大利亚的政策背景。

做出选择

在我们选择的 4 家机构中，只有一家有正式的居家办公政策。这家广播公司总部的运营问题导致不得不放弃工作室。许多员工面临着办公空间的危机，他们获得了选择是否在家全职办公的机会。32 岁的广播制作人莉莎同意这种试验。2007 年，她离开自己日常的广播工作，专注于开发广播公司的线上内容。莉莎解释说，网络部最近一段时间“发展速度超过了获得酬劳的速度”，加剧了她的东家在办公空间方面的压力。莉莎的团队“技术性地无栖身之地”，这使得居家办公的想法变得颇具吸引力。

她在家办公的时候遇到的一大困难是缺乏足够完善的基础设施支持，这一点可能值得我们注意，因为她的岗位依赖大量的新闻报道的文件传输。莉莎和她的伴侣共用一套复杂的笔记本电脑和台式机的组合。她根据手里的任务和自己的软件偏好，使用了一系列不同的网络连接和配套技术。这是一个复杂的路线规划过程，因为她的雇佣方提供了特定类型的技术支持。例如，虽然公司为她准备了一个无线网卡来提供网络接入，但她发现速度不快，不足以处理她需要上传的内容。这意味着她要依靠自己的家用网络，用一个合适的速度来传输文件。莉莎实际上自己掏钱保证了必要的网络连接速度。

另一个困难是网络最适配的音频编辑软件只能在公司内部使用。莉莎的解决办法是把免费软件下载到她的家用电脑上，因为她没有被授权把免费软件下载到她的工作电脑上。今年早些时候，她明显地受到了这一问题的影响：

> 他们给我的电脑是一台通用型笔记本电脑，所以上面没有我需要的任何类型的软件。我因此多次要求把它装上软件，这很难，因为那时候（广播公司）已经升级和转型，事实上我配有一台笔记本电脑已经很不容易了。

这段时间，莉莎在家里“把东西下载到U盘或移动硬盘上，或者在电脑之间互发邮件”来处理她的工作。要满足她这个职位的明确的技术要求，这种临时性的应急措施是必要的，而且考虑到她的老板应对重大业务变动的进度，这种情况或许也是可以理解的。可以说，莉莎的故事是本书中其他类型劳动者[4]的一个典型，他们要在有酬工作时间之外依靠私人网络来完成工作，很少有人提出这些费用要求。在本书中，我们会不断看到这种隐藏在家里的劳动。

抛开文件传输和带宽的实用性不谈，莉莎享受居家办公的过程。她早上 7 点半左右打开电脑，一直工作到下午 3 点半或 4 点。她在家里随意走动、逗狗玩，把一天的时间分割开，但总的来说，她非常“严格地”专注于工作：

[4] 其他类型劳动者（other workers）是指劳动者分类中的“其他”，主要包括非全日制、兼职、借调等类型的劳动者。——译注

> 我在家办公的时候决不会打开电视或者为这类事情分心……我不会让任何事情干扰工作。假如有人打电话来，而我正好有事要做，就假装不在，之后我会给他们回电话。

莉莎解释说，她在使用电子邮件的问题上“非常小题大做”。

> 我觉得，如果我在家里办公，只能立即回复邮件，否则他们会认为我正在烤巧克力蛋糕、在咖啡馆或是做别的什么事。所以，我发现自己之所以回复很快，一方面是因为不这么做的话，邮件就被淹没在邮箱里、再也找不着；另一方面是因为我意识到，如果不这么做，就会被人认为以某种方式懈怠了。

尽管不在办公室，莉莎也会用邮件向那些还待在办公室的人表现出她的能力和勤勉，原因之一是为了消除他人可能有的对居家办公的看法。联系到上一章，大量的广告宣传赞美了移动性和不受职场时间表限制的自由，她的解释有点讽刺意味。对莉莎来说，邮件是职业精神的晴雨表，珍妮和其他偶尔在家办公的劳动者亦是如此。“你的邮箱关了吗？你的工作进展如何？”一位电信公司职员解释说，这是同事对她的例行盘问。

莉莎只在家里的一个房间工作，如果没有合适的人体工学支持，她的肩膀会疼，她谈道：“我在其他任何地方一工作就觉得很不舒服！”当她开始居家办公的时候，老板答应对她的办公空间进行一个健康和安全方面的评估，然而莉莎决定不再争取这个待遇。她说：“我很害怕不达标。”这些违反协议的做法在某种程度上是互利的。与莉莎在工作室外办公所获得的精神愉悦相比，她用自己的电脑工作时出现的身体症状并没有得到评估。“你多了一些看问题的角度。”她解释说。远离工作室环境意味着她对工作的“忧心忡忡”减少了，“回避了很多在背后说坏话的人，可能也是件好事”。最终，居家办公给莉莎带来了“生活质量的明显改善”，“仅仅是因为我一天中有了更多的时间”。她陶醉于“不再需要通勤，无须熨烫衣服”，并强调自己不再觉得“工作压力大”。

莉莎似乎尤其高兴摆脱了现场直播的压力。居家办公使她能够专注于自己认为最重要的事——她的本职工作，而不用去关注这个行业里她不喜欢的其他部分：保持形象，讲究衣着以及办公室的流言。莉莎的新环境的唯一问题是她和她的伴侣都想在家里办公。本作为一名摄影师，每个月有几天会从事自由撰稿工作，而这些额外的劳动要依靠他们共有的家用设备。当他俩在同一时间都想工作，有时就会发生冲突。当亲密空间也越发成为办公空间的时候，本书中的几对伴侣需要制定策略来协调他们的工作投入（见第 8 章）。

在我们第一次谈话以后，莉莎从书房中抽出了一些时间来照看新生儿。当我们 2009 年再见面时，她和本重新考虑了他们的工作安排。莉莎现在又回归了办公室工作。调整后的日程安排是：本白天在家照看孩子，而莉莎一大早出去上班。早上 6 点出发意味着她可以避开交通拥堵，并在下午留出足够的时间休闲以及给她的小女儿喂食。与此同时，本每天上午都会跟上班的莉莎视频通话，让她看到自己的孩子起床。从广播工作过渡到线上内容，莉莎的工作角色已经变成了承担更多的程序性任务（例如，她正在编写一份如何使用广播网官网的指南）。她先前的工作角色的特点是快节奏和令人目眩的自我表现，现在则要好得多。居家办公对莉莎来说是一个“断路器”，可以从职场文化中抽离一段时间，然后带着一些新的优先考虑的事项回归。

家庭义务

理查德是同一家广播公司的资深记者，也选择了居家办公。从他的洁净的二层住宅可以俯瞰布里斯班河，作为一名太平洋群岛上的新闻记者，他要采访的是偏远且往往有很多困难的地方，而他的家是远离这些问题的宁静的休憩之所。从演播基地出来，理查德需要对家庭办公室进行大量的重新布置，尽管他的房子的规模意味着不会给家里带来太多干扰。理查德在楼上有一个房间作为专门的办公室，远离主生活区。这些细节是值得注意的，因为我们在本书中遇到的更多的劳动者，他们选择是否居家办公的时候，往往要考虑空间和日程安排等很现实的问题。只有一定比例的人能负担得起用一个闲置房间充当家庭办公室。在本书的研究对象中，职位较高的人——那些拥有自己的住房并且在成功的职业生涯里积累了经济保障的人，更有可能把居家办公视为一个可行选项。年轻的合同工几乎没有选择余地。因此，这类经验是有差别的，要视在职场中的年龄和资历而定。即使在理查德的公司，住在出租屋里的临时工如果想居家办公，也必须跟他们的伴侣共用一间卧室或客厅。

作为一名驻外通讯记者，理查德变动之后的工作安排跟他所习惯的在路上或宾馆房间里发送报道的方式没有太大差别。这是一个很好的提示，“远程办公”在互联网出现以前已经在新闻等行业中很常见了。自从理查德开始全天居家办公以来，他和莉莎一样面临技术上的困难。以前他可以依靠工作室来加工和发送报道，现在则是靠女儿来解决电脑联网方面反复出现的许多问题，这同样是在家里隐藏得很深的劳动。撇开这些实际应用不谈，理查德最怀念办公室的一点是与同事的互动。尽管他工作上最亲密的朋友分属公司的不同部门，他仍然怀念那种合作共事的感觉，这源于他们之间的友谊和交谈。理查德对失去闲聊的机会感到遗憾，这些聊天是关于体育和工作事务以外的话题。

理查德认为自己在整个职业生涯中“很大程度上是一个单人乐队”，所以从地点角度来探讨他的工作会比较困难。他认为记者的角色是天生孤独的，当他外出公干的时候，很少区分工作与非工作时间。转入家庭空间以后，要在别人身边安排自己的工作，需要一点技巧。在我们的首次访问中，他分享了一个事例——当他周日上午在阳台发送报道，他的妻子对此的反应是：

> 有一天，瑞秋对我大发雷霆。我在楼上做编辑，突然在背景声中听到瓶子哗啦啦撞击的声音，她把所有的瓶子都扔进了垃圾堆。我想她很恼火，因为我不仅从周一到周五工作，周日也在工作。从那以后，我们达成了一个协议，我周五下午休息。

在了解自己的工作对他人的影响之前，理查德并没有想要围绕自己的工作制定出时间管理的策略。在海外工作期间，“上班”和“下班”时间是人为的划分。只有当回到澳大利亚以及作为办公场所的住所，才不得不重新设定这些文化标记。理查德发现他必须学会对家里其他人的需求保持敏感，必须意识到自己的工作正在变成家庭亲密空间的组成部分。他的想法很有启示意义：

> 回澳大利亚的好处实际上在于，澳大利亚人的预期是你一周应当休息两天，然而出于种种原因，当你身在海外、做一名通讯记者的时候，很难享受这种待遇。你必须待在那里、随时待命，一旦有事情发生，放下一切去处理。如果你实际上就驻扎在澳大利亚，这种行为就很奇怪了，不是因为我跟这里的人关系更

亲近，而是有一种观念认为你每周必须休息两天，这不是任何驻外记者所期待或能够得到的待遇。

与本书中的其他劳动者不一样，理查德有在另一种文化中工作和生活的丰富经历。在这个环境里，他扮演的是对休假没什么期待的角色。这使他对自己的工作有一定判断力，而年轻劳动者往往缺乏这种能力。他发现居家办公的主要困难是调整原有生活习惯以适应自己伴侣的喜好，后者对与工作亲密接触这个问题有不同的看法。有了新的安排以后，理查德的工作给了他更多的时间与妻子在一起，打破了他俩固有的习惯。这就要求他们改变一些先前的居家安排，因为他们一直都待在家里，某种程度上存在过度接触的风险。作为新晋的祖父母，他们开始实施的一个调整是：瑞秋每周有两到三天去帮他们的儿子照看小孩，这样她就可以“换个环境”，不用总是跟理查德待在一起。不过总的来说，当这些初始阶段遇到的困难过去之后，理查德的安排被证明是有效的。“我对现在的运转方式感到满意。”他沉思道，“我不太确定自己期待的是什么，但我觉得结果比预想的要好。”

保持联系

这两个故事有助于解释，为何居家办公更适合某些性格的人。理查德和莉莎都享受居家办公带来的自主权，至少在他们职业生涯的某个特定阶段是这样。但本书记录的更广泛的经验来自那些处于职业生涯中期的大多数人，他们时有发生的居家办公往往要取决于当前的工作量。这里的基本原则是理所当然地承认有规律在家办公的员工数量，无论他们的老板是否承认这一点。对许多普通的办公室岗位来说，在工作上"保持联系"已经变得司空见惯，甚至不值一提，中产阶级家庭中网络技术的可获性在其中起到了推动作用。这一现象的另一个有趣之处在于，员工们不断用某种方式来辩解自己保持工作联系是有必要的，因为他们的工作在某种意义上是卓尔不凡的，"这是项目工作的本质决定的""在这项工作中，你必须全力以赴""这就是记者的生活"，等等。正如前面的章节指出的，不只是"创造性的"、尖端或高薪的职位需要一个永远在线的状态。相反，这在最中层和普通类型的信息工作中也很有典型性，与地位或经济回报无关。

这种附加的家庭劳动的流行，在居家办公研究的志愿者招募阶段就有集中体现。当被问到是否有过居家办公，潜在的参与者们通常一开始都说没有。然而，当提到这包含查收电子邮件的时候，他们往往会承认是的，的确这么做过。人们忽略邮件这一事实（从表面上看邮件不算工作）正是我试图调查的这个问题的表征之一。查收邮件是一种我们不敢真正确认其名分的工作。新闻工作者帕特里克说："它甚至不是工作，是个狗屁工作，它就是删除邮件。"温蒂是一位电视执行制作人，她表示同意："很多都是废话，比如'是的’‘不’‘谢谢’‘我做好了，谢谢’或者‘谢谢您感谢我’。我讨厌它，实际上我恨电子邮件。”尽管员工们承认管理大量邮件是个时间上没完没了的拖累，他们还是很犹豫要不要把它归入“真正的”工作范畴或工作类别。邮件管理和各种家务劳动、休闲活动同时进行，例如看电视[5]。形成这种习惯的主要原因在于，在有酬工作时间之内查阅邮件是在浪费时间。

处于中层的劳动者尤其表现出愿意在上班前后，参与广泛的准备和恢复工作。这些提前进行的活动是为了给正式工作日的重点事项铺平道路。这种勤勉的监控之道，也是为了降低上班期间出现意外的可能性。苏珊是一位 37 岁、处于职业生涯中期的大学讲师，她解释说：“我大概从早上 6 点半开始，上班之前已经干了一个小时左右，主要是做清理邮件之类的事，这样我就可以开始新的一天，准备‘工作’。”塔尼娅是一名 41 岁的项目干事，在我们进行采访的当天早上，她邮箱里收到的邮件超过 100 封。她承认：“有时候，我习惯在上班前查收邮件。可能会花很长时间……经

[5] 这里提到电视是想说明，本研究与罗伯特·普特南《独自打保龄球》（2000）的调查结果存在联系。普特南提供了“有力的”、尽管是“间接的”证据，表明收看电视与美国“社会联系的全国性下滑”是相符的。那些最依赖电视娱乐的人，也就是“最有可能退出公民生活和社会生活的人——他们很少花时间与朋友在一起，很少参与社区组织，也不太可能参与公共事务”（2000：246）。虽然我对电视有更积极的看法，但和普特南一样，我也对理解公民生活和社会生活的衰退有很大兴趣，包括职场在替代其他形式的社群时扮演的角色。

常检查一下，提醒自己看看周一早上是否有会议或其他什么事，确保我能准时赶到。”她的同事唐娜也承认：“现在可能更多是出于习惯……我想应该是为我这一周做好准备，是的，这更多的是一种习惯……而不是出于必需，是这样的。这是我自己的问题。”这些回答有着明显的自责，这是一种各年龄段的人都很熟悉的口头禅。

61岁的大学教授克莱夫以雄辩的方式剖析了自己的问题：

> 我觉得，我对这个有些上瘾、无法控制或是强迫症……我担心自己会错过什么原本应该注意的事，担心只要离开它一天，我就会回来，并且收到六七十封邮件……所以从这个意义上讲，我的邮件完全是西西弗斯式的，永无止境。它就像我的任务清单。我的任务清单从70件要做的事降到了30件，然而还有30件——没完没了的30件。

克莱夫跟其他人一样在家里查收邮件，因为“不这样的话，它就会左右我的情绪”：

> 我觉得我有点邮件强迫症。我有点上瘾了。其中部分原因是我不想被邮件淹没。如果有一个周末不上网，那么到了周一，我的邮件会堆积如山。

劳动者担心如果不在周末查看收件夹，他们就会“步履维艰”地开始这一周。在家里花点时间清理邮件，他们可以一到办公室就持续正常地开展工作，就像有人解释的“一鼓作气”。

对非全日制人员来说，这种习惯已经扩大到在休息日的晚上查收邮件，“只是为了看一眼”是否错过了什么。从事非全日制工作的教学设计师劳拉告诉我们，在例行的周四休假之后，“通常在周五上午，我回来的时候必须处理大量邮件，这占用了我的工作时间”。因此在休息日结束时，她会“快速浏览和检查一下，这样就知道第二天会发生些什么”。随着研究的深入，各行业中有多少人有这样的习惯已经变得明朗，这成为后续研究的基础。当被问到如果不查收邮件，实际上全天休息又会怎样，劳拉回答：“噢，周五早上回去上班的时候，看到发生的一切，我会感到意外。我会觉得对于该做的事情有点没准备好。”对休息日“错过”的工作进行“提前准备”是很重要的，这意味着劳拉要为她的非全日制的工作时间承担个人责任。正如上一章所述，弹性职场允许工作安排的变更，但几乎不会对需要完成的工作总量产生影响。

家庭空间最重要的功能似乎是让劳动者在到达办公室、正常上班之前，感觉做好了“心理准备”。职业技能中的情绪劳动显然需要这一心理策略的建立，以便对未知状况实施某种程度的控制。有了电子邮件，媒介就绝不只是传递信息：劳动者每天打开自己的收件夹的时候，并不知道邮件的内容和数量。预先猜想邮件里的消息是好是坏，以及对潜在海量信息的等待，给劳动者带来了焦虑，这是当代知识工作的两大“预期情感”[6]。

这种邮件查收行为最引人注目的地方是劳动者默认了某种程度的勤勉，这种勤勉没有得到合理的回报。在他们看来，问题不在于邮件太多，而是邮件占用时间。他们认为邮件占用的是最宝贵的工作时间。本书关注的公司对于如何使用邮件没有制度性的指导，直接助长了这种模棱两可的态度。劳动者觉得不能把邮件通信“算”成工作，因为它从未在工作量的意义上被广泛讨论。尽管邮件通信对很多工作岗位都有重要意义。

赶工的日子

如果说，前面提到的全职劳动者觉得有必要用家用网络来保持邮件畅通，那么劳拉的经历则凸显出非全日制劳动者在信息和通信密集型职场中的困境。33 岁的专业营销人员克蕾尔也选择了非全日制工作。她除了在英国一家电信公司干过 4 年外，大部分时间都在布里斯班学习和工作。从英国回来从事类似的职业以后，克蕾尔和她的伴侣也决定要孩子。在本书的研究开展的头两年里，她每周在办公室工作 3 天，周四和周五照看她的儿子。克蕾尔把这两天描述为她

[6] 预期情感（anticipatory affect）是指个体在等待结果的过程中体验到的情绪。——译注

的“赶工时间”：

> 周四和周五是我的休息日，但是现在（……）我会在周四安排一个会议，通常周四上午对我来说是个赶工的上午，我总是会发很多邮件，推动各种事务的开展，以免等到下周一才能有所进展。

如果没有这些额外的劳动，克蕾尔觉得周一回到办公室的时候真的会“很有压力”，“是的，这就是我为什么这样做的原因；完全不是因为管理团队的压力，更多是为了保持我的心态稳定”。克蕾尔解释说她的安排是“由我掌控”，尽管我们第二次见面的时候，她在办公室以外的工作量增加了。虽然最初只是在休息日里留意一下，“偶尔做点额外的工作”，但在 12 个月的时间里，这种情况变得“很频繁”。她强调说：

> 你知道吗，管理层从来不会盼着我上线。我这样做更多是因为，一旦不这么做，像昨天那样很疯狂地开了一天的会，有很多紧挨着的会，我知道邮件就会失控，有些事需要我来搞定。我晚上仅仅多花一个或一个半小时在这上面，就会睡得更踏实，否则我会凌晨 4 点醒来，感觉天旋地转。必须做这样那样的额外工作。是的，为了保持我的心态稳定。

她的丈夫斯科特是一位抵押贷款经纪人，他们经常在晚上“坐在沙发上，把笔记本电脑放在自己腿上工作”。我们进行第一次访问的时候，她开玩笑说这有点不合时宜，而到了第二年，她总结说：

> 这大概是我俩都意识到的东西——必须让自己保持心态稳定。我们不是所有时间都待在一起赶工，但我觉得，幸好有我们的儿子……他晚上7点半就上床睡觉了。所以，如果你真的想在休息之余赶一点工作进度的话，在晚上就可以。

与本书中的其他人相比，克蕾尔故事的有趣之处在于她先亮出了自己的观点。能一起赶工作是很放松的。这是与家人安静、闲适地待在一起的方式之一。对克蕾尔来说，家是一个有着各种劳动、照料和休闲的场所，它们往往交织在一起。她在一天中为数不多的计划外时间里，抓住了进行有酬劳动的时机。休息日的时候，无线网络让她可以在家中任何地方工作，“如果我们在家门口跟自己两岁的孩子在私家车道上玩车，我也仍然可以做点工作”。当克蕾尔“必须看着儿子的时候”，她找了一些办法来避免坐在电脑前，但她认为：“如果我可以两者兼顾，也能沿着私家车道开玩具车或者玩消防车[7]，那就不存在问题了。”

有时候，克蕾尔不得不坚定地限制自己与工作的接触。例如“通常在周五，我实际上只是关掉了笔记本电脑，它仍然摆在那儿，但一定要关掉，这样我就不会受诱惑去查看”。这些解释表明，设备的便利性让她很容易做好准备、随时投入工作。克蕾尔需要一些策略来抵制用笔记本电脑上网的“诱惑”。这正是我们考察工作亲密感的另一途径。通信技术的强制性在于它们有能力加强原本就存在的与工作的心理联系，正如设备的便利性让工作可以在越来越多的地点开展。不管克蕾尔是否用她的笔记本电脑工作，它在家里的存在都是对工作可能性的一个物质提醒，这种提醒正在她房子范围内越来越多的地方出现。“我不会坐在床上做很多工作。”克蕾尔接着告诉我们，但她有足够多的这样做的经历，她承认有时候“你突然意识到，自己在那里坐了 3 个小时，以及天哪，我背痛”。

幸运妈妈

克蕾尔是本书中对非全日制工作心存感激的众多在职妈妈之一：

---

[7] “消防车”是一种大型玩具，孩子可以有更多的情景模拟和角色扮演。——译注

> 我真的很庆幸，能在我这种类型的职业里做非全日制工作。这并不常见，你可以干一份项目制的工作，并且在那里只待半个星期。它不是事务性工作。所以我觉得很庆幸，这就是为什么我愿意行动起来，我不介意在其他时间进行额外的劳动，尤其是留意一下工作动态，确保一切运转良好。

尽管克蕾尔认为自己的排班方式有点特殊，她的经历却与其他机构的非全日制员工十分吻合。在职妈妈们都有一种安全感，她们依靠家用网络保持工作联系、跟上进度或者完成在办公室里没做完的事。

前面提到的项目干事塔尼娅解释说：

> 我愿意把自己想象成可以把一切都抛在脑后，但是当真的忙起来，如果不是在家里可以线上操作，我在这儿的压力更大。因为我走得有点早，有时候没做完某件事，我会当天在家里完成。

塔尼娅对走得“有点早”的描述，掩饰了她的非全日制身份。她通常会在午餐时间继续工作，最大限度地在面对面的工作时间里提高效率，但仍然经常完不成一天所需的任务量。

在家里办公的另一个更直接的原因，仅仅是因为没有其他人来做这项工作。塔尼娅没有把这看成是管理上的问题，比如，她把自己的处境看成是“当代职场的特性”使然。她习惯于为那些似乎忘记了她的非全日制身份的同事找理由。在两次采访间隔的日子里，塔尼娅甚至找过她的主管要求重新考虑她的工作量，但在我们第二次见面的时候，她的困难仍然没有得到解决。总的来说，她觉得自己的情况不错，因而不太可能再次提出这个问题。“我觉得要求得太多了。”她说，“你会觉得，好吧，我最好不再问了。”

珍妮是导论里提到过的项目干事，她也在图书馆做非全日制工作。尽管她有正式的有酬工作时间，仍然要遵守其他人定下的截止时间：

> 我在周三和周五的下午两点前完成工作，但一般还会在每天下午 5 点登录、查看邮件，这是因为，如果出现一些只需要快速方稿的任务，我宁愿在周三前处理好，从收件夹里移除。

珍妮坚持认为，下班后追踪电子邮件是她“自己的风格”；这种个人偏好让她“乐于在家里花 10 分钟自己的时间来查收邮件”。就像其他对工作潜在的可能性表现出焦虑的员工一样，她说：“因为这让我心安，没什么真正重要的事情在等着我。”职场结构对珍妮的日常事务有直接影响，使她不得不抽出时间回归办公室事务。对“有真正重要的事在等着我”的忧虑，表明了她必须在个人的日常安排中把不确定性考虑进去。

来自同一机构的第三位非全日制员工唐娜认为，为了满足下午 5 点截止的时间要求，在家里办公是必要的，“因为这是项目工作的本质决定的”。这意味着她作为一名项目调度员，会定期从家里登录，对业务开通时的信息进行接收和回复，与全职工作的同事保持一致。虽然管理层“可能不会公开表示鼓励你”，唐娜解释说，“但你这么做是一种双方的默契。”

这些女性都认为在家里办公是不可避免的。虽然她们的话表达了自己的偏好和特殊性，但她们相似的故事表明，人们对信息和通信工作中非全日制劳动的认识方式存在明显的问题。没有明文规定应当何时在线，也没有关于恰当回复时间的准则。员工们的操作是基于一种模糊和自愿承担的观念，考虑了什么是管理层希望的、什么是他们不希望的。以团队为基础的职场文化普遍依赖在线技术，在上述各种情况中，并没有从这一因素出发，形成重新界定非全日制工作的讨论框架（见第 4 章）。技术有确认职场时间性的作用[8]，但它没有加快这种时间性。变通、权宜的工作安排，让许多从事非全日制工作的人对她们所谓的“弹性”职位感到有所亏欠。她们要在不同的工作场所中，各自应对她们觉察到的他人的期待，只是偶尔会设法制定策略，与同岗位的其他女性分担额外的工作。

---

[8] 时间性（temporality）是指与时间存在某种关系，或处于一定时间范围内。——译注

便利的代价

妈妈们已经忙着打十份工了！用Windows Mobile 6智能手机让工作更轻松。

——Windows Mobile广告

《周末快乐杂志》

前面记录的访谈材料显示出，家是一个帮我们适应当代职场文化的要求的安慰空间。在线技术允许与工作有关的通信入侵我们的生活，但同时也提供了一个心理缓冲地带，让人们做好准备，在紧张且高强度的办公时间和舒适的家庭生活之间切换。有酬劳动对女性和男性来说，都是为现代家庭提供动力的系列任务之一。然而，任何对在线、网络化的知识经济背后的家庭支撑结构进行理论化的尝试，都将继续笼罩在本章开篇提到的马克思的形成性解释的阴影之下[9]。当然对女性来说，家庭从来都不是休闲的代名词（奥克利，1974；巴雷特，1980；福图纳蒂，1995；休斯，2003）。对今天从事专门职业的女性而言，家是体力劳动、管理劳动和情感劳动等众多劳动类型相互竞争的场所。在许多情况下，一旦有机会可以平衡这些相互冲突的责任，就心存感激地接受了，好像这就是女性主义者的成就以及职场公平所能达到

[9] 形成性（formative）是指评估劳动者在实践进行过程中的成绩以及情感、态度等方面的表现。——译注

的顶峰；她们似乎想象不出更好的解决方案来满足当代工作的要求。刚启动这个研究项目的时候，我的愿望是：女性主义的影响与上一章概述的移动办公的审美化相结合，可能会给家庭劳动的性别化经验带来改变。随着远程在线技术的进步，男性大量回归家庭可能也给优化家庭劳动分工带来了乐观的理由。正如我们看到的，的确有一些证据表明情况正在改善。孩子的父亲留在家里照顾新生儿，给莉莎带来了更健康的环境。不少男性受访者找到了居家办公之时与妻儿互动的新方法，理查德就是其中一员。不过到目前为止，最普遍的经验来自任务繁多、中等职位、充满焦虑的在职妈妈，她对工作和家庭的奉献每天都达到了极致。她对网络的使用被一种双重责任感所支配：一方面要保持工作联系，承担永远超出原计划的工作负担；另一方面要满足家庭的需要，后者对她的劳动给予了值得怀疑的赞赏。

对这些女性来说，劳动与休闲、工作与家庭之间的界限已经模糊到了很难描述什么才算是真正的工作的程度。一切劳动限制的概念都被抛弃了，因为人们迫切关注的是“赶进度”和“保持心态稳定”。因此，对有育儿任务的在职妈妈来说，在线技术是一种充满诱惑的便利。通过居家办公保持职业声望的可能性越来越大，这使人们对每天可以获得的生产时间保持高度敏感。当人们根据效率机制和排班潜力来评估家庭空间的时候，时间就变成一种容易耗费的资源。

本研究进行过程中，主流媒体上出现了大量的影像，描绘女性通过移动设备毫不费力地取得了“工作与生活的平衡”。相比之下，女性对技术手段的实际应用表明，这样的模式是可持续的劳动力参与[10]中最不让人满意的模式之一。在双收入家庭中，女性在一个没有停歇的工作日的各阶段之间切换，只有其中一小部分时间获得了经济回报。同时，那些享受居家办公的人声称，这样做是为了避免人际交往带来的干扰。居家办公很好地反映出了流行的商业新闻报道的共识，这些报道鼓吹提高生产效率对于劳动者和雇佣方有相同的好处。[11]

必须承认的是，女性选择在合同规定的时间以外在家里进行有酬劳动，这让她们的雇佣方很难将这些劳动登记在册。这种劳动也发生在熬夜加班的半夜三更以及黎明前的查看电子邮件时间，正如后续章节要解释的，在这种情况下获得认可就更不可能了。女性接受她们作为家庭主妇和护理员的角色，直接导致了第二次轮班和第三次轮班（霍克希尔德和马尚，1989）[12]，这使她们成为共谋者，持续不断地把家庭当作劳动的基本场所。女性居家劳动的悠久历史使她们很好地适应了当代职场的移动性、多任务和快节奏。事实上，

[10] 劳动力参与（workforce participation）是指正在工作或积极寻找工作。——译注

[11] 得克萨斯州韦科市某公关公司的客户经理阿曼达·法默尔说：“我的工作效率明显提高了，因为没有那么多干扰。”参见《你的工作场所》，《信使邮报》（Career One专刊），2008年1月12日星期六。

[12] “第二次轮班”是指在工作之余承担家务劳动，“第三次轮班”是指承担社交活动、情感劳动等责任。——译注

她们选择居家办公的决定可能会被解读为进一步证明了她们的创造性智慧：这是对职场缺乏弹性的回应，这种缺乏给工作的完成带来了一系列障碍。正如其他女性主义评论家指出的，职业女性对生产效率的渴望无疑标志着她们是当代资本主义的理想雇员（麦克罗比，2007，2009）。下面的章节提供了充足的机会来探究，她们是否会被证明有些过于追求生产效率而损害了自身的利益。

第 3 章

非全日制的脆弱[1]：打折劳动力与合同工

我觉得有其他人在周围真的很重要，大楼的其他地方亮着灯。

——萨姆，编外广播记者

到目前为止，本书讨论的劳动者的行为至少在一定程度上可以从他们稳定的或领薪的工作状态来解释。一旦薪资标准脱离工作时间表，公司就会不断地要求劳动者在需要的时候履行职责。从很多方面来看，这是劳动者为了持续就业的安全和免受经济波动影响作出的让步。然而，在以下章节

[1] 脆弱（precarity）也译作“脆危”“不稳定”等，出自理论家朱迪斯·巴特勒等人的著作，巴特勒主要用它来表示由政治引发的缺乏可持续性和没有安全感的生存状态。——译注

将要讨论的语境中，这种奉献的理由会变得苍白无力。实施弹性制度的信息化工作场所的一个显著特征就是定期合同，应聘者被多次雇佣，随时准备完成对公司运转至关重要的特定任务。尽管这些劳动者做出了重要而持久的贡献，仍然难以获得持续就业的保障，而且他们面临着压力，必须按照一个经过验证的和让人觉得可以信赖的标准工作——如果不是为了得到他们现任老板的认可，也是为了潜在的雇佣方在准备个人业绩。"临时工""合同工""会务工"之类的人员划分，是被有意设置用来免除领薪工作的福利待遇，无论是休病假、企业缴纳养老金还是怀孕后继续上班。除了这些结构性的维度，合同工还经历了一系列微观层面的差别对待。如本章所示，这些轻视的不断积累会加深他们对雇佣方的敌对情绪，导致劳动者在他们职业生涯的初始阶段就产生虚无感和焦虑感。在某些行业，这会引起年轻劳动者的集体离职。

延长工作时间对信息行业的初级员工有特殊影响，这些"白领学徒"在为职业生涯做准备的过程中要尽量兼顾多方面的工作和学习。由于合同工、临时工与职场的关系在总体上比其他人更矛盾，因此相对而言，他们更自由地表达了自己的焦虑感，代表了更大范围的文化状况。这正是他们的研究价值所在。白领学徒的经历最明显地揭示了企业组织生活的机制，同时也凸显了当代职业劳动的核心矛盾。公司的虚伪在于要求持续的忠诚，却没有对等的保障义务和对服务的认可。合同工有助于呈现这一潜规则，而领薪员工应当充分关注这一问题。

“人们真的不在乎”：在机构边缘工作

蒂根是一名25岁的大学行政人员，2007年受雇于一项新环境战略。作为该项目的协调员，她临时签订了一份12个月的工作合同（每周14.5小时），还在同一所大学攻读环境管理学位。蒂根的工作需要每周在校园里待两天，不过她对什么时候去工作有一定的话语权。她的职责是培训大学的3个校区选派的“绿色干事”，并在他们提问的时候作出回答。一项关键任务是根据能源效率和垃圾管理的情况对办公场所展开评估。

环境问题在过去十年越来越成为各机构关心的首要问题，而蒂根工作中最大的问题之一正是它的全新性。在起步阶段，她对自己要做什么不甚明了。但事情很快就清楚了，她这个职位基本上没有正式培训和入职程序。事实上，刚开始这份工作的时候，她认为自己的上司“总体上对我很刻薄”，几乎准备辞职。蒂根解释说，上司没有花时间“真正教我任何东西”：

> 那种感觉就像是我什么屁事都不会做，我知道自己什么都不会做，但我对这份工作充满热情。然而，我并不是非得懂技术方面的东西，不知道该怎么做，又没有人在那里真正支持你、帮助你或者教你。这种情况就好像是：嗯，这就是你要做的，自己想办法吧。

作为一名初级员工，她很难去协商解决这种职责上的不明确。

> 他们希望我自己摸索，然而这是一个相当复杂的项目，我没有得到能使我正确完成工作的必要培训。而且，没有人在我需要的时候给予支持。大概我的上司不打算提供帮助，给我的感觉就是——你应该知道自己在做什么。但事实上，我并不知道自己在做什么。

缺乏指导和培训，反映出该项目本身是全新的，虽然其他因素也导致了这种糟糕状况。尽管蒂根觉得自己在学习如何胜任工作岗位这个问题上有些失职，她在使用技术手段的时候却面临几乎自相矛盾的监控。让她倍感沮丧的事实是：上司可以登录她的电子邮箱账号，阅读发送到这个地址的信息。蒂根的上级觉得这样做是合理的，因为她被归类为临时工，当她不在岗的时候，需要有人对这些邮件做出回应。然而，邮箱地址用的是蒂根的名字而非普通账号名称，她觉得这侵犯了自己的身份权。这种共享邮箱的安排也意味着，蒂根不能在家里查看她的工作邮件，即使她为了及时回复，愿意这样做。对蒂根来说，由于她的合同工身份，居家办公和弹性工作变成了她所在的职场没能提供的奢侈品，这也是她离开公司寻求更好工作机会的原因之一。

聪明的临时工：不担责

对其他临时工来说，把邮件留到上班时间来处理，是避免通信入侵一天全部时间的少数方法之一。安吉拉是一名合约讲师和非全日制博士生，在 2007 年负责协调一门本科生的社会科学课程。她在应对学生需求的时候遇到了很大的难题，学生“会在任何他们喜欢的时间给你发邮件……他们会在周日、深夜或一大早给你发邮件……无论什么奇怪的时间点”。尽管安吉拉上课和做辅导都是按小时来计算报酬，学生却很少注意到她的临时工身份，他们希望得到回复的时间范围更像是一位领薪的正式员工的时间表。当然，正如前面的章节所述，正是由于领薪员工全天候地回复邮件，才把有酬劳动的正规时间的概念变模糊了。这种做法对同一机构中就业不稳定的那些人产生了连锁反应，这一点很少得到承认。

文斯在同一所大学的不同院系做辅导，他也对学生的期待表示了忧虑。“这一整年，情况总体上还不错。但是到了年底，最后一周，有个学生跑来问了我一个小时的问题……相当长的一段时间。”按照许多大学的惯例，这些辅导老师按小时计算的阅卷和备课费用中“计入”了咨询时间，但这实际上没有转化成学生课后期待的当面交流和邮件交流时间。“我想是有办法解决的。”文斯分析说，“比如你可以把他们都送去讲师那里，诸如此类。但我不太清楚。如果你对教学感兴趣，你就想参与这些事务。”

临时工的工作是领薪职位和合同工的混合体，他们面临的压力是要保持与全职同事一样的交流服务标准。尤其是当学校表现出不愿提供必要的手段，根据不同的雇佣身份来区分工作人员。[2]没有任何政策来明确临时工的在线交流义务，安吉拉在这种情况下采取了一些临时措施，以应对超出她的岗位薪酬标准的邮件联系。由于她在攻读博士期间打了几份工，这种情况很难应付。她承认会故意拖延给那些有特别需要的学生的回复。

在大学里讲课，需要安吉拉在大多数工作日的晚上以及周末进行备课，除此之外，她还在一家福利机构做兼职。第二份工作跟她的学术兴趣相关，为她博士毕业后从事的工作带来更有用的经验。第二份工作还有一个额外的功能，让安吉拉避开学生无休止的要求，摆脱他们的电子邮件造成的心理影响。她很享受一周有两天可以自动远离查收大学邮件的压力，并谈到这给她带来自由的感觉。当然，这里的讽刺意味在于，她从一系列工作问题中挣脱出来，不过是用另一份工作分散注意力而已。

临时工在雇佣他们的大机构里可以感受到一种孤立状

[2] 在笔者撰写本书期间，临时岗位贡献了澳大利亚大学一半以上的教学工作量，也就是说安吉拉和文斯代表着更大范围的学术就业状况。工会领导了迫使大学公布临时雇员比例的运动，这是本研究进行期间行业格局的主要特征。本节标题“聪明的临时工”源自一次类似的运动，它是许多旨在改善青年学者工作条件的倡议的一部分。参见格雷格（2009b）。

态，工作中使用技术手段的经历凸显了这一点。作为一名 26 岁的课程协调员，安吉拉走进阶梯教室的时候清楚地意识到自己缺乏培训。阶梯教室发生技术故障的可能性给她带来了压力，没有可用的备份支持。安吉拉在家里用私人笔记本电脑写讲稿，而第二天上课面对数百名学生的时候，她的设备能否正常工作是没有保障的。她学会了在“心里没底的时候”带着IT技术人员一起去阶梯教室。

对安吉拉来说，临时教学的特点就在于长期处于孤立状态，经常被学生的密切关注打乱节奏，无论是紧急邮件大量涌入还是报告厅里的公众压力。她与大学的关系本身也被原子化了[3]。“没有人真正注意或在意你什么时候出现、什么时候离开。的确不受监督……仅仅出于一种冷漠。人们真的不在乎。”安吉拉一直使用大学的共享办公空间，主要原因是可以继续使用高速宽带。她担心如果更多地在家办公，为博士生提供的简陋小隔间“也可能会被剥夺”。

安吉拉没有多少学院里的互动，经常独自在电脑前吃午餐，浏览名人八卦和其他种类的“娱乐网站”。技术手段在她缺少现实生活中的同事之时提供了一种安慰，后续章节将展示其他人的案例。然而对安吉拉不利的是，相同的技术也为学院提供了主要的“门面”——访问站点和邮箱地址。用邮件跟同事打交道，通常都是毫无热情的，行政管理要求

[3] 原子化是指个体由于缺乏社会纽带等原因处于孤独无序的状态。——译注

的“简洁”加剧了不断收到学生邮件的紧张感。当安吉拉对这种邮件应用感到心烦的时候，她尽量避免用任何可能会表露情绪的方式进行报复：

> 我会写一封怒气冲冲的邮件草稿，然后幸运的是——不，我真的不该这么做，我不会发送它。我几乎用一封假邮件平息了怒气，接下来尽量不再发火。但我肯定有过，把恼怒、暴躁的语气发送给了学生，那些真正想问问题的人。

和蒂根一样，安吉拉只能独自应对大学里的官僚体制，无论是要居家办公还是在办公室工作。

萨姆，我们第 1 章提到的艺术工作者，在她的第一份有酬工作中也有过类似的孤独时光。毕业以后，她在一家广播电台找到了一份编外记者的短工。她的任务是每两周提交一篇地方艺术的报道，固定报酬为 100 美元。然而，和蒂根发现的情况一样，为萨姆这样的职位提供资金流是一种流行的企业组织方案。这个职位没有足够的资源来降低风险，而且被证明缺乏必要的培训。萨姆发现晚上或周末来干活、发送她的报道是最方便的，因为她在常规工作时间很难争取到使用工作室的机会。她要用电脑导出音频、制作报道，但作为一个临时工，她没有得到电脑登录密码。这意味着为了使用合适的设备，她必须向同事借密码，密码出于安全考虑经常变动。如果萨姆无法打开硬件设备，在她工作的时间段里也不会有技术人员的帮助，因为这通常发生在晚上7点到半夜之间。这是一个真正的难题，因为她接受过的技术培训仅限于在工作室的某些设备上工作。让事情变得更复杂的是，国家广播电台使用的音频软件（ProTools）并不适配她所在的广播公司地方分公司使用的音频软件（Netia）。当报道被送去作跨州审查，各自独立的系统会导致一系列潜在的问题，正如这段经历说明的：

> 所以，当大学的一天结束以后，我会到这里来……试着把一些内容组合起来，经常会发生诸如片段丢失之类的事。我会做一些编辑工作，回到早期版本，我跟制作人沟通的时候多少会提起这件事，说有一些幽灵文件，一段音频放在某个位置就再也找不到，这让我不会再把另一段音频放在那儿，不知是什么原因，这样做行不通。那时的情况很糟糕。你只会觉得无力和沮丧，真的真的很难。有时候，我有点害怕到工作室来，因为一想到是不是又要工作5小时，然后一切都丢失，我就很焦虑。

除了担心作品丢失，萨姆更加忧虑自己的工作时间已经远远超出制作报道应该花费的时间。接受这份工作的时候，她觉得每篇报道100美元是合理的，因为“这在某种程度上有点像实习生”。然而随着时间推移，她意识到：

> 我要花 10 到 15 个小时剪辑出一份作品，然后必须用几个小时写好文字稿，再加上信息采集和实地录音。所以……是的，你可能觉得如果报酬是每篇 100 美元，就应该在某个时间段做完。但我真的觉得做不到。光是在工作室里完成它，就要花很长时间。

技术问题意味着萨姆不得不想其他办法来发送这篇报道。解决方案之一是刻录一张光盘，在规定日期前快递到悉尼。但由于她在正常的办公时间以外工作，没法在晚上用办公设备实现这一点，而且不得不从自己的 100 美元薪酬支票中拿出一些钱来寄包裹：

> 即便如此，有时候因为某种原因，这个软件也不是太适合刻录。你可以试着刻点东西，甚至有可能刻不上，这时你就会担心错过最后的交稿时间。所以，你只好在自己的带薪工作时间过来，抽出一些时间尝试解决晚上没解决的问题，因为晚上没有技术人员帮忙。

萨姆在工作中遇到的障碍是显而易见的，但她也感受到了好的方面。她学到了HTML语言、音频剪辑、软件甚至邮件应用等方面的技术，对她的艺术学学位是个有益的补充。

> 我的意思是，第一年本身就让人很兴奋，我缺乏技术，但正在积累，这非常好。大约一年后，我可能

具备了这些技术，我感谢这一切，但是现在给的待遇太少了。

这份工作很快超出了她的能力和经验范围，进一步证明她最初安排这个新计划的时候缺乏远见。这与蒂根的案例形成鲜明对比，后者履行合同期间，“绿色办公室”项目的规模翻了一倍。但对于薪酬是否恰当地反映了劳动时间，这两位劳动者都缺乏监督并且蒙受了损失。

后续章节将有助于评估这些临时工作的异化的工作经验是否真能起到作用，为进入弹性化、多任务、网络化的职场做好准备，后者在当代信息工作中十分典型。到目前为止，他们的故事反映出许多初级雇员的工作状况，被延长的学徒经历充其量只是个在换工作的时候可以写一写的职业履历。在二十多岁甚至更大一点、手握大学文凭的年纪，他们在工作中缺乏安定感、缺乏指导，甚至没有足够的物质回报，而这些东西都是众多领薪的专业人员进行牺牲劳动的基础。作为替代品的是，雇佣方的品牌被看成是一种能换取更多工作机会的文化资本，有带来更多回报的可能。

学生工

长期的学生身份是这些初级员工忍受工作负荷的原因之一。学习是在工作中和工作之余进行的，因此他们奉献给事业追求的总时间堪比年长的领薪员工。他们觉得目前这种身兼数职的状况是会改善的，现在的投入可能会在下一阶段带来更多可预测和安稳的就业机会。但从另一个角度看，这种情况实际上可能是个信号，这些劳动者要开启一段学习和适应的漫长旅程。例如，我们第二次见到蒂根的时候，她放弃了大学里的兼职工作，开始居家办公，为一家位于墨尔本的公司做咨询师。这个新职位仍然符合她的环保理念，因为减少了这家公司飞来布里斯班见客户的旅行次数。然而，居家办公的新自由带来了其他类型的复杂状况——如何应对时间上的多重压力。她告诉我们，“我尝试每周只工作 45 个小时，因为我正在完成自己的毕业荣誉论文，同时还要打另一份工”。

> 这是我在大学的最后一个学期，所以非常忙碌，但是工作也很忙，因为我开始做商学院的一个新项目，所有的数据收集和分析现在都在进行中。那家墨尔本的公司同样很忙，我想是因为他们有新项目上马，所以我每天还要替他们干几个小时。现在是旺季。

或许蒂根是那种天生“忙”的女孩（就像上一章的在职妈妈，恰好都很勤劳）。然而，频繁使用这个词表明，她找不到更好的语言来形容自己的劳动状况。当任务来临时接受它，围绕毕业季安排工作，蒂根的经历有一种机会主义的冲动，为一个难以获得的、不那么“忙”的阶段做好准备。

她的工作量跟安吉拉一样，给人的印象是不太正常，但只是暂时的。类似萨姆的“实习生”经历，蒂根以学生身份从事着与她的专业只有微弱关联的工作，使她很难知道自己什么时候达到了要求，应该得到合理、持续的回报。这些工作不是让一个岗位承担一组有限的任务，而是需要应付一系列琐碎的要求，干这些活是为了丰富求职简历，而简历仅仅“有可能”以稳定的节奏带来更大的项目。

所谓“弹性”的在线教学模块和夜校，是大学课程应对正在改变的高等教育人口结构的方式之一。通过实习项目、论文类博士以及在授予学位的时候承认“行业经验”，鼓励产学研之间的交叉。然而，学生工的身份变化在两个方向上影响了他们的处境，即减少了使用学习设施和办公场所的机会。在信息行业内充当学徒的学生，目前很难描述自己的竞争主体性的诉求与权利，这意味着他们的糟糕待遇可能会被雇佣方视为暂时的状况，无须多加考虑。[4]

这种“例外状态”影响着年轻劳动者对劳动政治的看法（大学在把这种态度常态化的问题上存在共谋关系）。例外状态在本书追踪的另一位年轻劳动者身上达到了一个有趣的顶峰。帕特里克是一名 24 岁的广播制作人和音乐人，跟早间广播电台签订了一份非全日制合同。他最初的工作是在

[4] 在澳大利亚的国际学生则是另一番情形，内尔森以独到的前瞻眼光讨论了这一点（2009）。许多国家都在高教领域大力投资蓬勃发展的全球化经济，澳大利亚也是其中之一。

广播电台做无薪实习，以获得作为新闻学学位组成部分的“实践经验”。2007 年我们认识的时候，工作室的早班工作要在凌晨 4 点开始。节目结束以后，帕特里克还会全天定时进行媒体监测，追踪突发事件。他的合同约定的工作时间不能反映这些劳动，后者被看作是新闻工作固有的组成部分。

本研究进行过程中，早间广播节目在它的时段里在全城范围培养了数量最多的听众，这是帕特里克自豪感的来源。滚动新闻的快节奏和现场直播时的肾上腺素也混合在一起，形成了对电台以及整个工作的认同感。正如他所说，“我认为这是一种需要把你的生活奉献给播出的节目的工作……你差不多要时刻留意正在发生的事”。

虽然帕特里克很享受自己的工作，他也试图采取一些措施来保持状态稳定，以便持续“有电”。例如：

> 我睡觉前尽量不工作，除了看一下新闻里发生了什么，而且更重要的原因在于——我想无论如何我也会这么做的，我觉得自己有点偏执，如果某个地方发生爆炸，就想在睡觉前了解这件事……我也试着不这样想，当我由于某种原因没能看到新闻，或者有什么事阻止了我与外界联系，我尽量不让自己感到内疚。

有必要把帕特里克的内疚感与本书中其他人的想法联系起来，他们用同样的语言来描述下班后的休息时间。他注意到管理层鼓励员工“出去走走，不要整天都工作，要有自己的生活”。但他也认为“这完全是废话，因为有太多的时间被用在编节目上了”。对帕特里克来说，在家里保持工作联系显然是必要的，但他偶尔尝试打破常规也是有理由的，“该死的，我这就要去过这该死的生活，没啥需要抱歉的”。

据我观察，尽管有这样的牢骚，帕特里克对额外的工作却是来者不拒。作为一名非全日制员工，他会通过帮忙组织大型活动，不断调整他的有酬劳动的具体时间：承担年终音乐会的“任务”，被借调去为飓风季做应急准备，以及在他日常的工作任务之外做一个新的杂志摘要报道，这只是我们采访期间的一些例子。这些额外的任务在帕特里克看来是正常的，或许因为它们显示了他对组织的参与度。这种奉献也体现在他愿意在早班和白班之间不断切换，甚至在需要的时候一把抓。他还会在轮班之后继续留在工作室里，参加那些根据别人的时间表安排的会议。就像他解释的：

> 因为我一天只在这里待 4 个小时，你知道吗，实际上我们 7 点 45 分就停止广播了。我的时间表是一直待到 8 点。如果我们想讨论点什么……几乎不可能……你需要事后总结，用 15 分钟来总结是不够的。我通常每天至少在这里待到 8 点半、9 点。在一周的整个过程中……我的意思是，如果介意这一点的话，就像是我多待了四分之一的时间——已经在一周内每天加班 25%。我的意思是随着时间推移，25%加起来也很可观了。

姑且不论这些额外的工作时间，当帕特里克中午回到空荡荡的家里的时候，与工作保持联系的诱惑就增强了，“我通常做的第一件事就是打开收音机，这样就不会彻底中断联系”。他的放松方式之一是在自己的伴侣外出的时候睡一觉，这是一种“把生活和工作分开的心理手段”。然而在这一天的晚些时候，他会联系同事，开始准备第二天早上的节目：

> 你会意识到，在这里干多少个小时并不重要。如果你没有在下班后保持联系……就不可能真正做好你的工作。那种情形有点让人恼火。我的意思是，只有当这些工作不是你想做的，它才会真正让你烦恼。我想你懂的，我非常乐意干这些活儿，因为不管怎样，我喜欢在这里工作。但是你知道，也有些时候你不想在下班后被联系。我没有必要当一个囚徒。有时你会感到很压抑。

帕特里克这段话里的想法，具象化了本书中许多劳动者自辩的理由。他“非常乐意”做这项工作，因为喜欢它。与此同时，他的束缚感和禁锢感也同样真实。

就本章关注的问题而言，帕特里克承担的电台节目第二制作人的职责，与第一制作人或主持人感受到的责任并无明显差别，后两者享有持续领薪的地位。帕特里克对机构的认同感与其他员工的工作投入是相当的。在采访中谈到这一点的时候，帕特里克想弄明白是不是因为他为一家非营利的广播公司工作，把公共服务的传统纳入了自己的考量，所以更有可能为了更广大的社会利益而减少个人要求。把他的理据与本书涉及的其他行业员工的看法进行比较，无疑是有价值的。公共部门的员工更有可能重视更大的社会价值和服务观念，以此作为激励自己工作的伦理道德。然而其他一些事情显示出，帕特里克为这个雇佣方长期服务的感受与他工作职位的现状并不相符。例如有一次，他描述了工作室的新地址并解释说："我们待在这里的时间不长了，只剩两年。"但这个时间长度比帕特里克自己的合同时间更长。当进一步问到，他是否有一种与工作场所缔结长久关系的倾向时，他回答："我不会把职位的有无，当成实现职业理想的障碍。"他的经验是"如果你适合做某项工作……无论如何他们都会把你放在那儿——你不需要一个职位。这几乎就像是例行公事"。考虑到我们进行这次采访的时间正是金融危机肆虐之时，这番话的确很有勇气。在帕特里克看来：

> 永远不要觉得自己是不可替代的，因为没有人不可替代。但是，如果你在职场中有足够的价值，我想通常来说，你都会有一席之地。这就是为什么我懒得申请职位的另一个原因。又有什么意义呢？我还能从拥有一个职位里得到别的什么吗？

很显然，拥有一个领薪的职位包含了财务层面的好处，例如休假权、企业持续缴纳养老金、带薪病假。与帕特里克上述想法形成鲜明对比的是，他也意识到了自己在广播公司工作 8 年，却没有享受长期服务假[5]的机会。当他和伴侣亚当想出国旅游的时候，这一问题开始困扰他。然而，两人几乎没有能力为这种可能性去存钱或制定计划。作为一名自由撰稿人，亚当也依赖临时合同，既担任合约讲师，也要争取临时性的（竞争激烈的）写作补贴或资助。帕特里克谈到他目前的困境，开玩笑说这是“青年才智”的结果，并责备自己最初开始工作的时候缺乏战略眼光。

师傅的学徒

各阶层人群在就业中获得心理安全和财务安全的可能性正在起变化，这已经成为近年来批评和社会抗议的关键点（瓦尼和塔里，2005；米特罗普洛斯，2006）。所谓“脆弱就业”的影响也是一个学术界日益关注的话题（吉尔和普兰特，2008；内尔森和罗西特，2008；布罗菲和德·波伊特，2007），尤其因为大学似乎在持续雇佣临时工的浪潮中处于领导地位。在本章中，不稳定和波动的就业状况已经被

[5] 澳大利亚很多企业为了奖励员工的忠诚，在常规年假之外对服务7到10年者给予两个月左右的带薪假期，此后每年还有两周左右的服务假，服务15年以上可获得每5年一次的长假福利。——译注

证明会侵蚀青年劳动者的“年华”，导致过度的、很少得到应有认可或补偿的工作负担。这些就业状况太容易被当作“Y一代”[6]的轻浮偏好而加以忽略，人们对他们有不爱承担义务的刻板印象，掩盖了不同年龄人群中都存在合同工这一不断增长的经济现实。我们从媒体报道中得到的印象是“劳动者选择了这种生活方式”，而不是承认“事实上很多工作再也不是稳定的了”（德莱尼，2009）。

在结束本书第一部分的时候，我们有必要记住下列事实：领薪工作的乐趣之一是建立不断发展的同事关系。这些人际纽带的核心是能够欢迎和支持，在同事之间发展超越职场的关系和共同爱好，尝试过一种全面而丰富的生活。帕特里克的困境很难说是一种因年轻时的错误判断造成的个人失误。毋宁说，很不幸在他进入职场的时期，曾经安稳的福利和工作机会似乎已经开始被剥夺。帕特里克所处的这种工作环境混合了工作节奏、强度上的机会主义和暂时的便利，有效扼杀了他对其他类型工作生活的想象空间。不合群的工作时间、不断变化的日程安排、不合理的报酬以及没有带薪假期，这些因素结合起来，削弱了他以其他任何方式进行职业规划的能力。他已经变得接受了这种脆弱的命运，以至于认为其他员工如此看重职业保障的标签，不是古怪就是不健

[6] “Y一代”在美、澳等国家是指20世纪80年代至90年代中期出生的人，也称为互联网一代、千禧一代等。他们的上一代人被称作“X一代”即未知的一代。——译注

康的。[7]

在本研究结束之时，帕特里克已经习惯了脆弱工作的季节更替和肾上腺素飙升。他乐观地认为自己的劳动会继续得到认可，这固然令人钦佩，却也令人怀疑，因为广播公司已经开始对他接受极短工时的意愿有所依赖[8]。无论如何，跟我们将在本书中看到的其他年轻劳动者一样，帕特里克面临的真正问题是：当一个固定岗位真的出现的时候，他是否已经到了精疲力竭和过劳的地步（参见德尔兹，2007）。

在本书考察的类型多样的信息工作中，存在着不同的内部权力等级。本章重点聚焦了临时工遇到的一些困难和轻视，这些因素加剧了他们在大机构里地位的边缘化。研究表明，无论合同工想建立一种长期关系，还是认为学徒工模式仍在蓬勃发展，他们都接受了这些争议和额外的工作要求，努力向公司证明他们的价值。本书下一部分将结合近年来科技应用的变化，评估这种劳动力价格打折的广泛影响。不仅是弹性的合同制工作造成了员工在估算和要求工时方面的损失，Web2.0 泡沫也在社交媒体领域给大学毕业生提供了无薪实习的新空间。

临时雇员缺少来自上级的关注、关心和支持，已经是

[7] 帕特里克提到过一个例子，他经常“借”同事的椅子来坐，因为他没有专属的办公区域。他的同事找不到自己的椅子的时候会不高兴，而他认为这种反应代表了他们过分执着于自己办公室地位的微不足道的象征。

[8] 这里的工时是指有酬的固定工作时间。——译注

一个严重的职场问题，短期净利润在职场中常常被视为企业生存最关键的优先事项。如果公司不能提供必要的合作关系来激发最弱势员工的忠诚与奉献，它就谈不上有切实可行的管理策略。雇佣方经常依赖年轻合同工的热忱与勤奋，无视他们劳动的物质条件，而这种热忱是有限度的。尽管本章中的劳动者很少表露出不满，但这不太可能代表在国际白领就业市场中有更激烈竞争的商务行业（参见罗斯，2006）。

合同制工作固有的功能潜变是大型机构的一个基本侧面。本章呈现的故事引发我们的思考：职业培训中干“一番”事业的观念，是否充分反映了当下和未来的职场？——无论是从劳动者有着与工时不匹配的被依赖程度来看，还是从他们为自己不稳定状态辩解时提到的劳动年限来看。多个工作机会（每一个都被认为是宝贵和不容错过的）把年轻劳动者的精力拉扯到了夸张的程度，这被视为理所当然，因为它们被认为是暂时如此。事实就是这样，哪怕这是他们所熟悉的唯一的职业生存方式。

有越来越多的文献记录了在众多职业环境中出现的白领劳动条件的下滑（莫斯可和麦克切尔，2008；刘，2004；安德列斯基-弗雷泽，2001）。中国、印度等国家正在崛起的经济力量挑战了西方白领从业者长久以来的安全感，后者的工作现在似乎已经成熟到可以外包了（罗斯，2006；安曼、卡朋特和内弗，2007）。这些经济力量为职业劳动提供了一个无法回避的全新前景。然而，大学不但没有起到引领作用，让毕业生为这一现实状况做好准备，反而走到了更远的机会主义雇佣的行业实践的最前沿，其中就包括使用博士生，给他们自己最好的产品有争议的回报。我们甚至可以认为，正是大学自身对合同工潮流的推波助澜，制造了最主要的障碍，妨碍我们认识劳动者在新兴知识产业中需要应对的东西，以及他们健康成长所需的东西。因此，如果要开启这一紧迫的重构之旅，我们的首要任务一定是停止误导学生，他们当中的大多数人已经变成劳动者，用一种陈旧的观念来想象那些他们可能永远也看不到的工作福利、可能永远也不会实现的职业道路。

work's Intimacy

第2部分

亲密接触：网络文化和社交媒体兴起

第 4 章

抄送还是不抄送：办公室文化中的团队合作

公司重组的时候，我们进行了一些培训，确保每个人都留下来。所以有几次去悉尼的旅行……每个人都去赌场打保龄球，然后吃日本料理。

——米兰达，电信定价经理

上一章记录的年轻的信息行业从业人员的经历，让人想起理查德·桑内特在《性格之蚀》（1998）里的担忧，现代职场的价值观导致了道德和情感的“漂移”[1]。弹性企业意

[1] 桑内特认为，实施弹性制度的企业喜欢雇佣短工、零工，这种用工方式侵蚀了忠诚、信任、承诺等传统道德。劳动者身处变动的环境，缺乏稳定的社会关系，他们的经验是漂浮的。——译注

在推动自己的短期优先事项，削弱了劳动者“对他们自身扮演的角色进行连续叙述”（1998：31）的能力，劳伦·勃兰特（2008）把这种状况称为新自由主义条件下生活的“动态悬置”。桑内特的著作为本书下一部分要讲的问题提供了先导和基础，尤其是他尝试理解“友谊易逝的特性”（桑内特，1998：21）。桑内特认为，职场发生变化是人群中产生广泛不安定感的关键因素，他们遭遇了社群的黯淡前景，也就是说，充当“他人生活的长期见证”的可能性正在下降。在上一章，帕特里克有一种不断讨得同事喜欢的“戒备”心理，佐证了桑内特十几年前提出的观点：我们正在失去“那种把人们联合起来并使每个人感到可以自我永续经营的特质”（1998：27）。对桑内特来说，“超脱和浅层次合作”是人们保护自己不受现代职场“侵蚀”的必要“铠甲”。他在这里跟其他作者一样，对这种需要戴上“公司化的酷”（刘，2004）的人格面具背后的心理结构感兴趣。按照艾伦·刘的观点，我们目前“正处于当代中产阶级充满悬疑的戏剧场景中，比20世纪的早期白领阶层有更多结构性的矛盾”（2004：19）。有些员工可能已经习惯把自身价值看成是在为雇佣方服务的过程中积累的，他们现在可能会发现，这些技能与“灵活”“应对变革”等更受重视的性格特征相比是次要的。[2]

[2] 这一点在励志类作品的大获成功中得到了充分证明，例如《谁动了我的奶酪》（约翰逊，1998）。除企业的办公场所外，在我所属大学的员工发展课程中也可以一眼看到“与变革共存”的课程，这是员工所需的技能包的一部分。

在这个时代，劳动者“一边去技能化，一边被鼓励对他们的工作抱有深深的情感依恋”（莫兰，2005：39）。

这些作者都认为，忠诚和服务的观念在许多职场已不受重视，这些职场只是为向上流动、寻找下一个大的机会或“项目”的员工提供的临时处所（博尔坦斯基和希亚佩洛，2007）。在本章中，我们有理由去探讨这些观点，看它们是不是稍稍有些错位。对劳动者的采访表明，忠诚和服务本身并不是过时的激励价值观。更准确地说，这些正能量的接收者——工人劳动预设的观众发生了变化，可能才是问题所在。正如前面章节论述的，如果说灵活、去中心化的职场使员工从老板无所不在的监视中摆脱出来，那么正是同事“团队”在今天充当了每日劳动成果的见证者。团队是一个神话般的平等竞争场域，所有同事共同努力，为机构分担责任。这是被新媒体技术强化的办公室文化的几个强制性维度之一，本书这一部分将对此加以论证。

人们认为，同事可能正在等待回应和行动，这是员工们给出的在办公室以外登录、查看邮件的常见理由。从这个意义上讲，克蕾尔这样的员工说“管理层不会盼着我上线”是对的，而且这么多人愿意付出劳动，无论如何都表明了这种做法还存在其他动机。但如果说对团队的忠诚左右了劳动者的动机，那么我们必须认识到管理策略才是“团队”观念形成的首要驱动因素。正如我们将看到的，团队观念在办公室文化中占据统治地位，要归因于它有助于消除权力等级和在大公司中明显存在的权利差别。

为了进一步探讨这一点，本章聚焦了信息和通信行业从业者的工作负担的社会维度。长久以来，社交活动和接待客户一直都是白领工作的职责之一，然而这些卡耐基鼓励人们去探索的“影响他人”的友善行为，最近却遭遇了更为雄心勃勃的战略——为永远处于变动中的机构培养凝聚力。在企业务虚会和职前训练营启动仪式的潮流中，搞团队建设、协作训练的趋势十分明显，这些活动是公司聘用新一代“文化引领者”设计的（尼古拉斯，2010）。“人力资源经理”“变革管理顾问”和“组织毒素清理者”减轻了职场中的敌意和隐身，而“娱乐总监”和“哇噢”部门[3]满足了雇员的需求，后者可能从来不会跟老板会面或者以别的方式了解自己的同事（瑞安，2009；《经济学人》，2010）。这些方案强化了亲密接触，其目的是通过分享总体目标、模拟民主办公环境来培养人际关系。这类活动中一项最为突出的策略是通过公司宗旨的宣言提出愿景，让劳动者用他们自己的职业表现来肯定这种愿景。

团队型选手

本研究关注的电信公司在其大门入口区域集中展示了

[3] 在传统的人力资源管理之外设立的后勤部门，为员工组织一些趣味娱乐活动。——译注

团队文化[4]。这家公司的总部设有一系列宣传栏，展示鼓舞人心的口号，每一个都是公司宗旨的衍生品，即“了解我们的客户，满足他们的需求，超越其他任何人”。所有海报的特征都是以三言两语突出公司要务，然后再添加图像。这些标语显然是普遍适用的，肯定可以跟其他任何公司实体的目标互换。鉴于大众对电信公司的普遍看法，这些标语对一位澳大利亚参观者而言，也包含了很多让人发笑的元素。[5]在“搞定，现在”这条标语的海报上面，一位身着商务装的男士在阳光明媚的沙滩上高举双臂，可以看到他跨过了轻轻拍岸的海浪。[6]配文写道：“我们做了该做的一切，让客户满意，迅速搞定，领先所有竞争对手。”另一幅画是一组游泳女运动员在比赛开始时的水下定格画面，构成了下文的背景：“竞争。获胜。赢家是那些从未停止寻找服务方式，比其他竞争者更好地服务我们客户的人。我们来这儿不是为了竞争，而是为了胜利。”同样是体育主题，还有一张海报上有一位轮椅运动员，他赢得了优胜者缎带，举起拳头庆祝胜利，配文写道：“一切。皆能。我们倾尽全力，确保我们的

[4] 感谢纳迪娅·米兹纳的先见之明，她对拍摄本节所述的海报做出了贡献。

[5] 2008至2009年间，澳大利亚电信业监察官收到的投诉猛增了60%。登记案件的总数是481418起，相当于每个工作日有1850起投诉，或每分钟有近4起投诉（比塔，2010a，2010b）。

[6] 海滩景观跟第一章提到的案例一样，描绘了使用移动技术工作的“自由”。在这些图像中，海滩作为乌托邦的能指（看上去是空荡荡的）出现，笔者在2007年的文章中对此有详细讨论（格雷格，2007）。

客户有更好的体验。在这里，一切皆有可能。”进入大楼后出现的最后一幅画是“人，力量”。一位穿牛仔裤、T恤衫的姑娘被许多手臂托举着，像是在莫斯舞池[7]里。品牌口号是：“人是（我们公司）背后的力量。”

在这些老生常谈中，“人的力量”的修辞作用掩盖了机构的现实：员工在公司发展方向上几乎没有什么发言权。[8]在本研究进行期间，不断发生的劳资纠纷证明：人或许是品牌背后的推动力，但其中重要的是股东，而非劳动者。增加利润是唯一的使命，这一点同时指导着管理决策和员工实践。即便如此，和谐统一的公开宣言对公司内部、外部的公共关系仍然是有用的。在我们的访谈中，劳动者想对引导他们工作的目标进行描述，公司口号的各种翻版为他们提供了简洁的表达方式。这些价值宣言带来了精神慰藉，使劳动者

---

[7] 摇滚乐演唱会现场的一种狂欢形式，观众在靠近舞台的区域制造人浪，托举歌手，相互冲撞等。——译注

[8] 在澳大利亚颁布《工作选择法》、实施行业监督的短暂时期内，电信公司是单独协商、非工会的合同用工方式的主要支持者。这项法案规定，劳动者有义务与雇佣方直接谈判以确定他们的就业条件。该法案在2007年联邦大选期间遭遇了一次非常成功的工会运动，运动对此后工党的胜选有很大的推动作用（工会是《工作选择法》的反对者，陆克文当选后废除了这项有利于雇佣方的法案，代之以《公平工作法》。——译注）。在本书撰写期间，电信公司宣布在2010年裁掉900名一线员工，包括300名高级管理人员，工会对此持有矛盾态度，一位来自维多利亚州通信、电气与水暖工会的代表说：“我不认为（电信公司）员工们会对过去十年间一直在裁人的管理者抱有多大同情。”（澳大利亚联合通讯社，2010a）

无须形成工作的内在动机。口号是从外部施加的，而且都是些显而易见的常识，重复这些口号降低了身份认同的危险。从这个意义上讲，人力资源战略的明显的矫揉造作是其主要优点之一。正是“他们的做作，保证了他们的成功”（德·波顿，2009：246）。

阿兰·德·波顿在《工作的快乐与悲伤》一书中描述了这种广泛的团队工作文化的更多维度及功能：

> 公司聚会日的研讨会和小组反馈活动都有劳动的基调，这让员工们强烈抗议，说他们在服从这些训导中学不到任何东西。此后，就像参加家庭聚会的客人一样，起初嘲笑主人提出的玩一轮猜物游戏的提议，随着游戏深入，他们自己会惊讶地发现，可以通过这些活动疏导敌对情绪，增进相互的好感，摆脱了虚情假意聊天的痛苦。

人力资源管理的老生常谈是一种机制，劳动者可以通过这种机制在适合自己的时间和范围，学习如何管理和发展在机构内部的人际关系。与此形成对比的是，许多劳动者明显在投入日常工作的时候，表现出对团队更为真实的忠诚。

我们在第 2 章谈到过非全日制劳动者克蕾尔的案例，她解释了休息日在家上网工作的原因，团队是她最重要的考量因素。对他人的责任感促使她“时刻留意正在发生的一切”，以便“如果有什么要紧的事发生，或者有我能够迅速处理的事务，我可以保持前进，继续运转”。克蕾尔在周一、周二、周三为电信公司工作，但通常其他日子也会用笔记本电脑保持联系，包括“周末大部分时间”。正如她所说，这并不意味着她“工作积极”，“但我总是把握着新动向”。克蕾尔承认，尽管这家公司“非常善于雇佣非全日制员工，但仍然不占多数”。没有人真正记得你工作和不工作的日子。她对其他人的日程表很敏感，以便保持联系，“即使你有‘不在办公室’的标签，对人们来说还是有点难接受”。所以保持联系有双重好处，“得到团队的赞赏，也让我自己觉得更舒服”。

克蕾尔直接合作的是一个 4 人团队，但公司在营销环节有一支更大的、由 21 人组成的队伍。跟她关系最密切的同事知道她的工作时间，而更大的团队不可能总是了解她的日程安排。正如她解释的，“那边有人会在周四用邮件把东西发过来，而他们有可能在周五停止营业前需要它。所以，如果事情紧急并且只有我能处理，这样做是有好处的，我可以看一下或者确保它被送到合适的人那里”。对克蕾尔来说，在这种情况下把工作留到周一“会给我带来更大压力”，因为她觉得每个人都在等她回复。

从“只有我能处理”的信念中可以看到团队合作的关键之处，团队有一种要求应答的权力，这种信念也表明了人员编制不足，团队合作的话术为此提供了辩护理由。克蕾尔知道是她独有的专业技能在推动工作顺利运转，她感受到一种召唤，要求她在工作时间以外继续提供专业技能。另一种方案是分工制的安排，为满足岗位需求，支付两名非全日制劳动者的薪酬，或者团队的全体人员都能适应克蕾尔有酬劳动的实际工作时间。但要做到这一点，就要根据实际情况进行提前沟通，而不是把处理任务的相对紧迫性放在首位，这种设想可能会对团队的目标一致的凝聚力产生破坏作用。

抄送：缺点是信息倍增

从员工们努力形成电子邮件礼节的行为来看，团队的团结显然有走向分裂的可能。在许多案例中，劳动者对技术手段最大的抱怨是他人不恰当的发邮件行为。项目干事辛西娅说："有些人真的是长期的邮件依赖者，而且使用过度。"她认为，如果同事们"拿起电话跟别人交谈"，工作流程会有所改进，"这样就可以解决一些问题，不会导致 10 封邮件同时出现"。克莱夫也想弄明白，人们如此依赖邮件是不是因为它回避了面对面接触的困难。他推测，"向一个不露面的人提问，要比实际坐下来交谈容易得多"。对塔尼娅来说，邮件的问题在于"几乎每个人都想得到更多建议"：

> 以前，你只是让别人说句"你一定行的"，或许你会给两个人打电话，而现在你把它发给一堆人，而且每个人都必须……这完全被扩大了。你会收到一切可能相关的信息，你懂我的意思吗？所以在某种程度

上，它制造出了更多的工作量。

米兰达也感叹我们身处一个“抄送”行为失控的时代：

> 我觉得，最让我恼火的是，如果一封群发邮件被送出，此后你直接回复了邮件的发起者——不是向整个群，而是向发起者回复或提问，然后他们回复了你，但竟然又一次把它抄送了。这对我来说是非常不礼貌的，比其他任何事情都更让我恼火。这是我最大的不满。

对米兰达来说，这是一个职业素养的问题：

> 我认为，就算这是一件有必要让全世界知道的事，你也应该跟当事人合作解决，接下来，告诉每一个需要知道的人。没有什么比收到一封你不需要知道的群发邮件更糟糕的了。

随着时间推移，米兰达发现她的同事改变了他们发邮件的方式，以便加强与多个利益关联方的对话。当越来越多的人学会了过滤“副本”邮件，她注意到“抄送副本几乎被弃用，因为每个人都想让你读邮件，所以他们把它直接送进了你的收件夹”。这也破坏了米兰达的邮件礼节，“它让我头疼。我讨厌它，我不需要知道”。

这些故事描述的电子邮件应用的生态，显示了该平台在基于团队的办公室文化中的局限性。抄送失败之后转为直接发送，显示出劳动者的紧迫感，他们不区分事情的轻重缓急，或者没时间对同事不同的优先事项和日程安排给予理解。当越来越多的劳动者只是作为虚拟的[9]、线上的存在出现，情况尤其如此。科技加剧了团队成员对工作任务的观点分歧，这源于他们各自履行的职责不同，从而产生了一轮额外的沟通，不得不专门提出来并加以管理。在复杂的科层组织背景下，最初作为民主交流平台的东西恰好提供了一种机会，让同事们把自己的日程安排强加于人，妨碍了每个人管理自己的工作量。

或许是出于对抄送的敏感，邮件礼节问题让米兰达想起了下面的逸事，这是我们的受访者能够回忆起的、办公室范围内公开提到邮件政策的极少数案例之一：

> 我在公司范围内唯一看到过书面指导的地方，就是墨尔本办公室的卫生间的门。门背后贴有一张如何成为“超级邮客”的海报，上面有一个关于何时使用电子邮件的指南。“当人们需要注意这个问题却没有行动的时候，你会抄送给他们吗？那正是你的抄送时刻。如果这是他们需要了解的事，并且需要他们的行动，请把

[9] 本书提到“虚拟”的时候，主要是指物理实体的数字化形式，包括下文的“虚拟朋友”“虚拟公司”“虚拟领域”等，并不是指无中生有的虚构。——译注

他们添加到收件人中。”它认真权衡了所有这些指导意见……“如果你想回复所有人，这些人都有必要知道吗，还是说仅仅适合个别人？”它真的很不错，我喜欢。但这是我唯一见过有指南的地方——墨尔本办公室的卫生间的门背后。看上去是管理层做的，大概是不久前制作的。它太棒了。我很喜欢。你坐在那儿进一步思考：“嗯，是的，我刚才发的邮件，每个人都有必要知道吗？”

在这个案例中，团队概念应用的语域[10]支持这种呼吁——劳动者在发邮件之前应当先考虑一下他人。这张海报张贴在最私密的地点，其教育意图更加明显。在这里，工作亲密感有一种粗鲁的表现形式，因为管理上的考虑侵占了工作中为数不多的缓冲空间。[11]如果说在卫生间张贴这样一张海报，似乎代表着雇佣方认为员工应该如何利用好工作时间，那么这个故事同样有助于证实：负责任地使用邮件是劳动者必须独自处理的事务，并且时刻都要考虑团队利益。

克服困境

在我们的访问对象中，能自我保护、不受团队合作的

[10] 语域是指特定语言使用的场合、意图和形式。——译注

[11] 笔者讨论过办公室的卫生间和其他空间是如何让人从公司化的酷中暂时摆脱出来（格雷格，2010a）。

强制维度影响的劳动者，通常都有高级职位。这些劳动者可以选择忽略持续不断的邮件对话，直到它们自己偃旗息鼓。董事们还有助理来专门处理邮件。在这个级别，管理者对一些下属“抄送副本”的行为不屑一顾。尤其是当争吵的同事故意把董事拉进讨论中，以施加更大的压力、把冲突推到顶点的时候。在这种情况下，像芭芭拉这样的机构负责人就会留意邮件产生的书面记录，迅速采取行动、亲自解决问题（对那些在澳大利亚政府工作的人来说，《信息自由法》把电子邮件等同于公文）。

拥有高级职位的人通常也会花更多时间在开会上，无论是与客户见面还是制定公司政策，这些都会影响他们对电子邮件的阅读量。级别较低的劳动者是那些坐在办公桌前、追踪他们的邮件是否送达的人，这样一来，邮件就成为一天中高潮和低谷的晴雨表。图书馆负责人乔治娅对这些不同的工作动因做了简洁的解释：

> 我发现有的电子邮件让人恼火，因为人们太容易给你发邮件，然后等待回复（……）我这一天还得做点别的事情，不可能回复所有的邮件，所以我觉得有些懊恼，很难一一回复（……）有可能是机构下一级的某位工作人员给我发了邮件，对他们来说或许是个重要问题，但从工作安排的全局考虑……我没有回复，所以我想，的确有点内疚，没能在他们期望的时间范围内处理这件事。

根据乔治娅所在的IT委员会指示，珍妮的任务是在图书馆的经营计划中提高“邮件效率”。我们可以回想前面的章节，珍妮认为邮件是体现自己作为“专业人士”的素质的一种手段。在接受采访的时候，珍妮显得有点担心分配给她的工作，因为“我最不愿意做的就是再发一封邮件，告诉人们如何管理他们的邮件”。据她估计，“现在，你的收件夹里有一堆邮件是完全可以接受的”。但她也认为，“仍然有一些人坚持这种观点——除非你一直在清理收件夹，否则你的工作、邮件或发送的数量就会出问题”。珍妮断言，“随着时间推移，我的收件夹里有越来越多的邮件，而我也越来越适应”，这表明她在应对邮件泛滥这一问题上，已经达到了一个超越的境界。在同一次访谈中，珍妮坦言，她发现上班的时候很难集中精力：“当我经常被打断的时候，我的思维就会有点不给力。我变得只能保持15分钟注意力，而不是连续工作。”对珍妮来说，在家里办公的好处之一就是“可以不间断地工作……只管干活，我不会在工作中打开收件夹”。在邮件管理方式上，珍妮表现出了与同事的不一致，她“承诺”保持邮箱畅通，尽管这会“干扰”自己的工作。团队合作的文化意味着在一个典型的工作日里，关闭邮箱“就像拔掉电话线一样”。与电话的对比很能说明问题，珍妮解释说：

人们使用电子邮件就像以前使用电话。你可以简捷地回复一下。我想，我之所以觉得有责任保持邮箱畅通，是因为：如果人们从我这里得到快速答复，继续做下去，他们的工作就能取得进展。我知道，当我只想从别人那里得到一个快速答复的时候，我可能会失望。我会发邮件问他们为什么不回应，这样我就能有所进展。我想，这可能就是我对别人行为的感受和期待。

第 7 章将进一步探讨珍妮处理邮件的方式中的一些矛盾之处。从目前来看，她对线上可获性的理解中最具启示意义的一点是，她如何体现出自己是个有团队精神的人。邮件是珍妮帮助他人“继续推进工作”的方式，尽管这也是她自己完成工作的障碍。

与图书馆的团队合作文化形成鲜明对比的是，广播公司的一位IT专家为他的团队找到了解决邮件过载问题的软件方案。弗兰克的同事分布在不同的州和市——“西到杰拉尔顿，北至凯恩斯，南到霍巴特”。他使用过一系列备选方案，包括即时通信客户端和手机短信，跨多个时区进行联系。正如他解释的：

我们发现，有很多对话都是来来回回的短邮件。所以我们后来开始使用谷歌聊天工具，因为我们有条件做到；窗口会弹出来，你可以看一下是否有人在线，诸如此类的情况。那么（你）在聊天工具里就只有单句对话，而不是你的邮件被叠加成 20 封邮件，全部都有一行回答和回应。

虽然本书中的一些机构试图推广聊天程序，但从未彻底实施，主要原因是缺乏培训和不习惯。相比之下，作为所在机构的一名重要技术专家，弗兰克对新程序、新设备的高度重视，与他担任团队领导者的资历相称。因此，他可以决定采用哪些技术手段，并确保团队成员有足够的培训来使用它们。正是这种知识和权力的结合，才使同事之间的交流变得特别愉快而高效。

斩不断的联系

对当代办公室文化的任何讨论，都应当重视“团队领导者”在保障员工的实践和活力方面的重要作用。本书的研究发现，电信公司员工表现出了对他们的领导霍莉的特殊感情，她的热情显然鼓舞了营销团队成员。然而在本研究进行期间，该公司的一次大规模重组导致了大量裁员，众多电信员工要面对一笔遣散费和职位的终结，霍莉就是其中一员。对外人来说，这一决定背后的考虑让人难以理解，因为正是霍莉激发了员工的“超高生产力”，在克蕾尔、米兰达等人身上表现得十分明显。为了雇佣方的利益，霍莉成功组建了一支高效队伍，但在金融危机来临之时，她像其他人一样被请出门外。这样一来，她有了与过去十年中其他中层管理者相同的命运，这些人“肩负着‘创造意义’的使命，向困惑的员工解释管理方案，传达裁员的坏消息”，同时也是

“最容易被解雇的员工之一”。中层管理者的“相对昂贵的成本和可代替性”现在导致了成功人士的命运多舛（莫兰，2005：44）。

如果说，裁员粉碎了人们对“人的力量”这一公司口号的信仰，电信公司的前团队成员却在此后几个月里用线上平台保持联系。“科技让我跟其他人保持步调一致。”朱迪在 2009 年初说，“这就是我们聚在一起的方法。所有人都赶上了上周五晚上的聚会，我们当中大概有 12 人被裁掉……大家一起喝酒，这是我们搞活动的方式，通过Facebook邀请了一些人。”米兰达是为数不多的在机构重组中幸存下来的原团队成员之一，她也有这种使用技术手段的方式。定价部门的新同事对这种娱乐交流不感兴趣，米兰达说：“他们不是营销人员，所以也不爱说话。他们埋头苦干，靠数据驱动。这就是他们的思维模式。如果你想问某个特定的问题，要用电话和电子邮件来联系。”居家办公的日子里，米兰达用聊天软件跟分散在办公室内外的“元老队”联系。聊天不是为了工作，“更多是社交性质的，你最近怎么样？我不在那儿了，办公室发生了什么事之类……（如果）我居家办公或者去别的地方工作，都可以回这儿来，用这种方式联系我的老队友，或者出于个人（原因）。我现在就是这么使用它的”。在本研究刚开始的时候，米兰达不是Facebook 用户，但最终她加入进来，保持老同事之间的消息畅通。Facebook 上面的照片是关于值得庆祝的假期、新生儿和海外职业冒险的，这些东西巩固了在职场和团队中形成的纽带。

米兰达和朱迪对社交媒体的使用，清楚地表明了她们想跟团队保持联系，尽管这个小组实际上已经解体。当工作不再是日常亲密交往的共同语境之时，社交媒体是应对亲密同事流失的一种手段。因此，从原来的办公室环境出来、彼此分散的同事之间进行持续的社交活动，表明他们在做同事的时候形成了凝聚力。团队在某种程度上确实是带给他们一种社群意识，“见证彼此的生活”。正如下一章要进一步阐述的，Facebook给员工们提供了重要的信息来源，帮他们应对非延续性工作的不确定性。对那些还在原岗位上的人和刚刚被裁、需要找工作的人来说，这是一种稳定的交流方式。

如果米兰达在现实生活中没有跟一帮同事进行基本的接触，她在电信公司的新职位会被证明更加孤立。她是这家公司的布里斯班分公司的唯一部门代表，这与第 2 章提到的驻外记者理查德，以及第 3 章提到的艺术记者萨姆的情况很相似。他们的这种经验只会变得越来越普遍，因为职场想利用虚拟办公环境来解决面对面交流减少的问题。[12]但正如

---

[12] 雷切尔·金（2008）描述了像IBM这样的大公司在创造共同价值观上遇到的挑战，仅在2007年，该公司就雇佣了20000名新员工，“当公司无法让新员工亲身参与活动的时候，就让他们进行虚拟互动，使用的技术与林登实验室‘第二人生’等虚拟世界的技术是一样的”。在同一篇文章中，来自太阳微系统公司社交媒体实验室的妮可·扬科洛维奇说：“虚拟世界技术是一种把公司整合在一起，建立全球化企业文化的方法，人们在这里是平等的。”然而，尚不清楚这样的方案怎样吸引像萨姆和理查德这样的劳动者，也不清楚规模较小的公司在资源更少的条件下如何应对这些变化。

本章所示，尽管团队合作的文化中存在强制维度，与他人共享办公空间仍然有好处。如果职场中没有任何面对面的办公室同事关系，会出现各种精神问题。[13]团队合作的逻辑是一系列更大范围的职场变革的组成部分，这些变革意在消除等级制度，让办公室变得友好和有趣（《经济学人》，2010）。但对很多人来说，这些由专门聘请的专家精心安排的友谊，是以牺牲更多自发形式的社交为代价的。当然，这是本研究中老员工的感受，他们记得那种与同事们共享定期休假和业余时间的快乐。克莱夫认为，电子邮件是工作普遍得到强化的关键因素之一：

我想，这就是周围环境产生了较大压力的原因。在我刚开始大学教师生涯的时候，也有压力大的时刻，开学和考试，诸如此类的事情……但在两者之间，你有一个 6 周的假期，是属于你自己的可以合理安排的时间。即使在学期内，你也有跟学生喝杯咖啡之类的机会。我想，大学那种闲适的环境一去不复返了。我觉得这真的会对大学有不利影响……在我开始大量教学的地方，学校里的教职员工经常聚集在教师活动厅里，上午 10 点半喝咖啡和茶；而下午 3 点半，

[13] 在自由职业者和刚起步的创业者当中，有一种租用共享办公室或在咖啡馆工作的趋势，这表明在家里独自工作的隔立状态并不适合每个人（参见盖洛德，2008）。

如果没有45分钟，至少也有半个小时，用来跟同事碰头、喝点茶。好吧，大学里再也没有人这样做了。这大概会被视为浪费时间。

与克莱夫的思考相符，本研究中负担重的学生工和忙碌的父母很有压力，要充分利用他们的时间，在写字桌上吃午饭或者干脆不吃饭，如果想准时离开的话。办公环境的节奏让员工们感到没时间进行非生产性的交流。这一背景解释了职场现状：人们通过生日早茶会、周五下午茶以及周末的“让我了解你”聚会，来体现职场中的团结友爱，这不得不成为工作的一部分。这些社会维度给劳动者带来了压力，他们需要在工作中保持友好、相互交谈，模仿那种自发形成的、现在显然已经看不到他们身影的社群。在以往的办公室文化的经验中，茶水间和休息时间打下了基础，为同事间的互动提供了更频繁的机会。而现在，职场健康安全政策的潜在作用可能还没有得到充分的认识。[14]在今天的共享式办公桌前，持续的时间紧迫感与邮件监控的可能性相结合，把办公室生活中更亲切的交流挤到了其他地方。而我们往往会发现另一个空间是线上。G-Talk、MSN、Twitter和博客是现

[14] 2008年在墨尔本大学举行了一场关于本研究的介绍会，一位听众注意到，我研究的雇员流露出了职场的“后尼古丁”情感症状（指戒烟者出现的情绪化、易怒等反应，这里用来表示职场关系变化后的负面影响——译注）。白领工作和一系列药物依赖行为之间的关系，肯定会给拓展研究打下很好的基础。

代职场强制性的亲密关系的反面，同时也是对这种关系的逃避。众多员工在工作中经历了原子化，下一章我将解释网络平台是如何为这一问题提供佐证，尽管存在这种状况，他们仍然渴望建立自己的亲密关系。

同时，本章也表明了办公室同事之间建立的社会纽带是导致工作时间延长的一个重要因素。对团队的忠诚会施加影响，使人们进行额外劳动的时候也显得有礼貌并把这种劳动当作一种常识，这对从事非全日制劳动、薪水微薄的员工来说尤其是个问题。“团队”是乐于助人的能指[15]。忠诚不是为了机构，甚至不一定是为工作，而在于亲近的同事，他们是日常交往的主要对象，团队合作在这个时候有助于表达一个人的参与和奉献。在现代办公室文化中，团队合作和邮件文化有必然的联系，正是这种联系把情况变得如此复杂。电子邮件鼓励工作上的发送行为，这是员工在同事的日常认知中不断获得存在感的少数方法之一。邮件的存储能力也支持了这种假设：写邮件能避免不必要的干扰，提高同事的工作效率，尤其是当高效被认为有无可争议的好处。“我想，我们这样做是因为速度快之类的原因。”克莱夫认为，“如果你发邮件，就不用参与谈话了。”这种处理可能忘记了在发送邮件信息的时候，我们想象的快速实际上只是单方面的。邮件最终会送达目的地——同事的收件夹，但他们没有时间认真对待邮件内容。信息和通信革命的讽刺之处在于，

[15] 能指（signifier）是语言符号的物理形式（声音、形态等）。——译注

每天都有大量邮件汇聚在走廊之间、楼层之间，遍及商业园区和大学校园，而这似乎是削弱同事之间口头交流的主要原因。

团队责任感与中产阶级想要取悦他人、保持友好态度的倾向是一致的。然而，作为一种社会伦理的视域，它还有很多需要改善的地方。团队合作最终把劳动者关心的范围缩小到了一系列符合企业竞争优势和商业利润要求的目标上。办公场所的入口大厅悬挂着措辞婉转的标语牌，不断提醒我们这一现实。本章讨论的员工，他们的工作安排明显有一种令人担忧的短视，把自己的热情全部用于企业优先考虑的事项，外部世界则不在他们的视野中。“办公室生活的自我复制，与其说是通过意识形态灌输，不如说是通过似乎不可阻挡和不可更改的日常工作来实现的”（莫兰，2005：31），以团队为基础的逻辑正是一个典型的例子。对那些试图唤起流动型劳动者的忠诚的企业来说，团队合作有着思想上和经济上的好处。一个摆脱了等级制和剥削的民主化职场，其积极内涵推动了更广阔的、试图操纵劳动者之间的友谊的商业议程。电子邮件在过去十年间一直是职场中达成这些目的的令人畏惧的手段。下一章的主题即是关于这一进程的新阶段。

第 5 章

Facebook好友：后援团和职业流动性

网络资本的作用越来越大，个人的声望、经历和网络呈现将产生重要影响。

——布兰德维尔和里维斯

如果说每一代人都有定义其时代的特殊时刻，那么2008 年可能会作为Facebook发展的黄金时刻，在未来的岁月里被人们记住。在本研究进行过程中，一个社交网络平台同时吸引了项目参与者和广大公众的兴趣。在澳大利亚，和许多英语国家一样，Facebook的身份迅速从引起公众恐慌的源头——它对“旧”媒体来说通常是个争议话题，后者利用了家长对“房子里的陌生人”的担忧（巴克斯特，2008）——变成了很平常的东西，因为企业和家庭都接受了它潜在的机遇和威胁。Facebook的大规模应用是建立在第1章讨论的移动设备的商业营销基础上的（考虑了飞行常客的优先事项），为一系列面向更多顾客的广告活动提供了动力。许多广告的图像是关于青少年和学生的，显示出时髦的年轻人正在访问“Facebook移动端”，尤其是通过诺基亚、黑莓和苹果推出的“智能手机”。澳洲电信2009年的一则著名的广告告诫他们：“如果你有时间上Facebook，就有时间给你妈妈打电话。”这家全国最大的电信公司似乎不得不提醒年轻人应该跟父母加强联系，这表明浏览Facebook的状态更新和个人页面带来了沉浸式体验的诱惑。该广告的教导口吻是一个值得注意的案例，表明商业界试图设定新技术条件下的恰当礼节。[1]关于Facebook 的参考意见是为了应对明显在全国家庭中都有出现的紧张关系，使用网络媒体的强迫症似乎有可能威胁到家庭关系和亲密关系的既定形式。

这一广告活动始料未及的是，妈妈们在同一时期也用上了Facebook，目的是跟她们的孩子加强联系。媒体通常把在线社交网站描绘成年轻单身、无忧无虑者的活动地带，这表明一家人对这种新型交流平台的使用是有代际差异的（德里斯克尔和格雷格，2008a）。然而，随着社交网站的用户

[1] 该广告的文案描绘了与本章及全书紧密相关的大背景：“如今，我们交谈的时间似乎越来越少。然而在时间紧张的当下，我们仍然会花很多工夫在社交网站一类的事情上。这没什么不对，只是别忘了抽点时间给家里打电话。这是极少数不会占用太多时间就能让你感到愉快的事情之一。”

结构变得清晰，雇佣方希望避免办公室里的时间浪费，正是这种想法为公众关注的焦点提供了最具可持续性的前沿地带（詹金斯，2008）。企业成功地制定出一种有效的“社交媒体战略”（让员工满意，并利用Web2.0 技术的力量获利），这成为衡量企业公信力的一个新标准，“Y一代”求职者可能会把它添加到自己的需求清单中。

Facebook在本书记录的时期内是标志性的应用程序，其特点与MySpace比较时表现得尤为明显。MySpace是Facebook在英语地区的主要竞争对手，相比之下更迎合年轻用户，更明确地围绕着音乐推广和夜间经济领域的其他方面[2]。本研究进行期间，Twitter也占有市场份额，但Facebook在主流人群、中产阶级、办公室用户群中的受欢迎程度，最能体现个人身份与职业身份的无缝对接，当人们建立更密切的工作关系之后，这种边界模糊可能会带来风险，“联系人”就等同于“朋友”。Facebook用一种独特的传记式结构把人际关系聚拢起来[3]，它的崛起反映出工作在白领专业人士的日常生活中的重要意义。它强调了工作对身份和尊严的决定性影响，正如它表明了工作也有能力制造亲密感和快乐，以便人们

[2] 威尔森（2007）和博伊德（2009）讨论了MySpace用户和Facebook用户在阶层、年龄上的差异，而吉沃斯（2009）对新加坡、韩国、中国香港和日本东京的社交媒体平台的研究，与许多社交媒体评论中的盎格鲁民族中心主义形成鲜明对比。

[3] Facebook个人页面是根据每个人的生活历程来建立的，可以呈现出人生重要节点、待过的地方、不同阶段交往的朋友，等等。——译注

承受这些日常影响。Facebook用户通过“状态更新”“张贴动态”“戳一下”和“小礼物”（后者往往带有个人职业特征），向一群表示支持的观众展示自己的兴趣和癖好。如果说，格罗斯伯格[4]把摇滚乐对主流人群的吸引力描述为一种“扛过这一天的办法”（1997：15），那么对埋头工作的雇员来说，Facebook同样提供了可以依靠的慰藉，尤其是当长时间的工作妨碍了其他类型的交往。

我们正处于一个社会流动性不断增强的时代，本章把Facebook形容成劳动者的“后援团”，他们意识到在一个充满活力的就业市场里，需要保持灵活性、可获性和亲和力。Facebook帮助人们应对线上生活和工作中所有可能出现的压力重重的遭际，因为朋友和家人也可以作为虚拟的陪伴者聚拢在周围，出现在一个又一个非延续性的地点和项目中。与此同时，社交网站让流动的个人从一种新型的前瞻性劳动中获益，这种劳动在以职业声望为基础的就业市场里越来越重要（索罗夫，2007）。Facebook的个人页面和一整套联系人，为劳动者准备了一份连续的、基于个人特点的履历，帮他们抵御“弹性”职业生涯的不稳定。通过这种方式，线上社区发挥了电线接地装置和“定心丸”的作用，而这些东西过去可能是由地理位置上更靠近的他人提供的。当人们因工作离开原来

[4] 劳伦斯·格罗斯伯格，美国文化研究学者，主要研究领域是流行音乐、青年政治、后现代主义等，代表作有《文化研究的未来时》《忘我舞动：论大众文化》等。——译注

的基层社区之时，Facebook好友提供了在“流动的生活”（鲍曼，2005；德尔兹，2007）中经常缺失的延续性，与工作有关的“打滚”（德莱尼，2009）和“漂移”（桑内特，1998）导致了这种生活状态。[5]在不同的城市和国家，社交网站已经迅速成为向上流动的劳动者缓解陌生环境的不利影响的主要工具。线上联系可以帮他们解决过渡性的居家生活中最普通的日常问题，从找合租者到找医生，从理发到买沙发。

Facebook为越来越多的劳动者提供了可以信赖的情感地带，传统形式的社群对他们来说似乎是缺位的。评论区、信息墙、站内信和即时通信只是Facebook用来激发欢声笑语的手段的一部分，其目的是击败电子邮件等其他单调沉闷的通信平台（见第 4 章）。附加应用程序可以让表情符号和记忆片段随时间的推移不断积累，成为朋友们一直在身边的见证，更不用说将来可能还有进一步“勾连”的机会。正是这种可能性和持续的、让人放心的在场保证，使Facebook有了长久的安慰效应。然而，Facebook与摇滚乐的广泛吸引力不同，它在知识阶层的特定人群中受欢迎程度最高。对Facebook的兴趣，取决于是否有一种喜欢分享的性情，类似于“惯习”（布尔迪厄，1984）[6]，其中最突出的一点就是长

[5] “打滚”和“漂移”都是形容不断变换工作的生活状态。——译注

[6] 习惯主要是指个体后天的身体反应、例行规程等，布尔迪厄的“惯习”（habitus）则有更深的含义：它是具有阶层属性的社会化经验，有较强的稳定性；但也不是一成不变的，在不同的社会条件下可以重塑和再造。——译注

期有规律地使用网络。通过会员资格和参与规则，Facebook把临时用户与大范围的社区交流分隔开。即使人们有不同的网站使用方式，试图去改变表达好恶的标准模式，设计创新带来的结构性限制也会阻止他们。就像所有的网络社交平台一样，Facebook依赖一整套复杂的运行提示，它们对用户的有效使用和获得最佳娱乐体验有决定性的作用。

其中第一步就是在一个相对公开、可能会受外部操纵影响的空间分享较为个人化的信息，获得某种愉悦感。这种"广播冲动"是一种主动进行个人展示的愿望，尽管他人有可能会出于未知目的利用这些展示。就像YouTube的口号说的那样，要在社交网站上进行"自我广播"，就要认识到我们自己在乎的东西有重要意义，至少跟任何可能发生的与他人的接触一样重要。[7]Facebook网站的问询——"你最近在做些什么"以及最新的"你在想些什么"，邀请用户分享哪怕是最微小的想法和活动，并相信这样做是有意义的。那些习惯于更传统的娱乐传播模式的人，比如在广播电视环境下长大的人，发现这是社交网站最令人不安的一面。然而，解释新媒体之"新"的一个最简单方法就是认识上的转变，即信

[7] 这并不等于说社交媒体就是天生自恋的。乔安娜·瑞林斯嘉（2009）强调了社交网站所鼓励的自我监管行为的生产性维度，同时参考了列维纳斯和一种福柯式的"自我关怀"的伦理学。她的批判方法与众多研究社交网站兴起的学者形成了有益的对照，后者假定网络平台上的自恋是与生俱来、显而易见和十分糟糕的。科恩（2006）提供了另一个很好的例外情况。

息的传播不再受制于他人，或者不再由他人来判定是否值得传播。这也被证明是“新”媒体对专业身份的挑战，后者是建立在筛选和传播信息的专业知识基础上的（这一现实对本研究关注的新闻工作者、图书馆馆员和学者来说绝非无关紧要）。为什么Facebook上看似“琐碎”的信息片段，对于相互之间仅有微弱联系的受众来说是有趣的？在本书已经讨论过的趋势背景下，还有另一个原因：职场的结构性变迁，实际上可能阻碍了电脑屏幕以外更为重要的长期联系。

点赞的逻辑

社会学家皮埃尔·布尔迪厄的著作提供了一个敏锐的视角，帮助我们理解在线社交网站是如何吸引和示好同类型人群。尽管鼓励人们自发创作，Facebook的用户更新符合中产阶级教养中的“圣书经济”（德塞都，1988），操控书面文字的权力被小心谨慎地使用着。在社交网络平台上，用户通过一个幻化[8]的过程来精心打造自身形象（克劳福德，2009）。人们希望展示的形象受欢迎，这是状态更新的传播范围决定的。从某种程度上讲，Facebook的个人聚焦创造了

[8] 幻化（fabulation）本意是指以寓言等形式进行的叙事，这里表示社交媒体用户并非直接呈现个人生活，而是经过了一番形象塑造。——译注

社区，这主要归功于物以类聚的法则。正如布尔迪厄解释的人们性格中的“选择性亲和力”：

> 那些合乎我们趣味的人，在他们的实践中注入了一种趣味，这跟我们在感知他们的实践之时所调动的那种趣味是一致的。两个人对彼此的品鉴，最能证明他们气味相投。（布尔迪厄，1984：243）[9]

Facebook主页是趣味的标志，因为“它把所有在相似环境下成长起来的人联合起来，把他们和其他人区分开。而且它是用一种根本性的方式在区分，因为趣味是人所拥有的一切的基础，包括人和物，以及我们对他人而言意味着的那些东西。通过趣味，一个人给自己分类也被他人分类”（布尔迪厄，1984：56）。Facebook吸引力的一个关键之处就在于对有用或有趣的信息进行推荐，这些信息是从私人社交网络中汇集起来的，因此很安全。这种推荐过程当然也延伸到了人，对共同趣味的相互认可创造了“机缘”，使我们可以跟很多以前不了解的、志同道合的人建立联系，带来了一种获得新发现的独特感受。

别人同意我们加入他们的Facebook社区，既是一种添加

[9] 布尔迪厄发展了马克斯·韦伯著作中的“选择性亲和力”。韦伯用这一术语来解释那些般配的夫妇之间明显存在的“化学反应”以及婚姻的社会功能，正如他在代表作《新教伦理与资本主义精神》（1930）中分析的加尔文主义与资本主义的关系。参见豪伊（1978）。

也是一种认可。这种友谊行为的创业维度在“感谢添加”的惯用语中已经得到了体现，这是当别人把你加入好友列表之时，MySpace用户都有的一种例行的致谢。MySpace和Facebook的重心都在于，邀请人们展示和推销一个前后一致、可以被他人评论和消费的自我（赫恩，2008）。在网站趣味的逻辑影响下，人们认可了这种好处：缔结的友谊可以使自己的个人页面在“更广阔的陌生人市场”（米尔斯，1973：251）免费传播。

正是在个人页面的个性和结构方面，社交网站显示出了它作为阶层位置之标志的功用。个人页面邀请我们创建一系列的区分，定义我们与他人不同的身份。这些区分却表明我们属于一个特定群体。用布尔迪厄的术语来说，文化资本源于性情和权利的结合，使我们充满自信地向观众展示自己的爱好。我们在创建个人页面的时候纳入了自己的趣味和钟爱之物，为他人提供了一个随时可以参观的陈列室，以便他人赞美我们独有的东西。[10]除这些做法以外，用户还可以直接通过参与投票、性格测验或者当朋友在线上做了有趣好笑的事以后，简单地点击“我喜欢”来表明自己的喜好。通过移植特定人群的任意角度的趣味和选择，Facebook培养了布尔迪厄意义上的“文化性情”。趣味的建立，不仅通过“进

---

[10] 个人页面上的私人信息也是定向广告的主要资源库、Facebook的主要收入来源，这日渐成为学术批判的关注焦点。马克·安德烈耶维奇（2007）在他对交互式媒体的监视特性的持续研究中，已经预见了许多这样的趋势。

入一个由熟悉、亲密的事物组成的天地”（网站创造的）来实现，也通过分享礼物、链接和爱好，发展一种“对钟爱之物的直接而亲近的关系”（布尔迪厄，1984：77）来实现。Facebook所具有的嗜同倾向，也体现在这家网站进行奖励和鼓励的幽默形式上。本书撰写过程中一个特别有启发性的例子是名为“薄根礼物”的应用程序。在澳大利亚，“薄根”（bogan）是指工人阶级、郊区居民，他们趣味简单，志向没有那么远大，很像英国人说的“渣腕”（chav）一词。运行“薄根礼物”的一个前提条件就是同意用户互相发送礼物和纪念品，这两者都代表了薄根给人的固有印象，而发送的通常是他们熟悉的童年物品。[11]

这个程序应用的前提和Facebook的其他许多程序是相似的。分享物品的行为，恰恰因为人们身份与趣味的反差而显示出幽默感，这是朋友之间表达情感和归属感的一种方式。然而，“薄根礼物”比大多数程序更能佐证布尔迪厄对那些顺应中产阶级生活方式的人的看法：

> 民众自媚的“恶俗”比小资产阶级赝品的“恶俗”更容易“挽救”，正如当资产阶级趣味足够古老、不再“让人难堪”的时候，他们的“面目可憎”就开始变成一种“有趣”（布尔迪厄，1984：62）。

[11] 这些虚拟礼物大多是日用品，包含用户熟悉的本土文化元素。——译注

阶层流动性对“薄根礼物”产生吸引力和取得成功十分重要。这个程序运行的基础是一种愉快的解脱之感，让用户有机会与童年物品的“恶俗”保持距离。这种对趣味的“可憎面目”的时时回顾，为朋友们提供了一个舞台，表达他们与传统生活方式中曾经让人难堪的元素的相对距离。个人可以通过教育和职业上的流动来摆脱原有出身阶层，而游戏为谈论相似的阶层提供了一个渠道。因此，在这个新空间重建这些东西进一步变成会员资格、亲近感和幽默感的标志，尽管其中也有一些辛酸之处。“薄根礼物”唤起了用户对过去与现在的联系的反思，这让我们想起那种身份移置（displacement）的感觉，理查德·霍加特（1957）在另一语境中用这种感觉来形容“奖学金男孩”[12]的忧郁人生（参见格雷格，2006，第 2 章）。

在一个阶层流动性即使不是理性预期也是一种老生常谈的时代，“薄根礼物”作为众多例证之一，揭示了Facebook在特定人群中的受欢迎程度。Facebook和它的许多应用程序、小测验提供了一个包容空间，那些受益于文化资本和职业升迁的人们可以在这里尽情释放他们的焦虑。Facebook更大的使命是连接同类型的应用程序，变成拥有共同惯习的用户的聚集地，尽管不是所有用户都对这些应用有类似体验。正如后续章节要强调的，布尔迪厄的著作是一个有益的提

[12] “奖学金男孩”是指出身底层，通过学习和考试跨入中产阶级行列，却又存在一定的身份认同危机的年轻人。——译注

醒，“这些为精英人群准备的精巧游戏，其快乐原则归根结底取决于一种被否认的经验，关涉到群体成员与被排除在外之人的社会关系”（布尔迪厄，1984：499）。[13]

Facebook的亲密感

Facebook的另一种慰藉是它能够带来沉浸式体验。这是它吸引那些有相对的自由让网络平台从早到晚运转的用户的基础。这也解释了为什么本书中许多受访者下定决心，要抵御Facebook耗费时间的特性。对该网站的参与必须以仪式化的方式进行，要表现出对他人的兴趣和互惠互利，否则整个过程就有偷窥之嫌。在本书前面已经讨论过的工作负担背景下，这种要求对很多人来说就是另一种在线的义务。

57 岁的大学讲师彼得谈到了他收到加好友请求时的压力。他觉得自己对这个网站的使用是“受限”的，因为他的名字太容易被学生认出来。他对网站的谨慎态度是“尽量不要让它凌驾于我之上……工作是为了心灵，但是得有个度”。其他人选择退出Facebook同样也是因为没时间。教育学副教授托尼知道这个网站很受他的孩子和学生们欢迎，

[13] 知识精英的文化活动是排他性的，这种排除往往是通过使用特定术语等方式，不动声色地进行。他们自己可能不承认或并未意识到这种排他性。——译注

但他自己并没有使用Facebook，“我只是觉得，我做的一切刚刚好，无须再干点别的什么”。尽管有这些犹豫，尤其是在年长的劳动者中间，本研究中使用Facebook的人数却随时间的推移不断增加。虽然一些受访者在我们见面之前就已经停用，但研究启动时正在使用Facebook的人，没有谁后来放弃，而且一些在最初的访谈中声称它无关紧要的人后来也经常使用。克莱夫是主管某研究中心的大学教授，他是越来越多的Facebook爱好者中的一员，“我有很长一段时间抗拒它，但后来用上Facebook以后，我能理解它多么有感染力。真的是这样”。他享受的乐趣之一就是可以看到同事们在严肃、专业的场合之外的另一面。例如，他的一位朋友、身居要职的某外交官对拼字游戏表现出特别的兴趣，这是克莱夫喜闻乐见的。他还注意到，其他朋友花了很多精力“表现出他们对这个时代所有重大问题的关注程度”，他担心自己在别人眼里亦是如此，“人们注意到，我最近读齐格蒙特·鲍曼的《流动的恐惧》已经快两周了”。

克莱夫认为Facebook是一项“休闲活动”“日常生活中的停顿”。他觉得“在工作中使用Facebook并不舒服”，这个网站的重要性在于，“我在Facebook上的同伴实际上都是工作上的同事，他们现在会看到我在一天的某些时候乐于表现得活泼、不务正业，跟其他人一起做电影测验之类的事情”。这种区分很重要，尽管并非所有的用户都必须认同这种区分。对克莱夫来说，当一位同事“抓他的现行”——发现他在上Facebook而不是回复工作请求的时候，这一点变得尤为突出。

那个人发信息说："我看到你在迪士尼测验中得了79分，我的提案怎么样了？"对克莱夫来说，这是"私人领域和公共领域的有趣的混合"，他因为"不务正业"而受到指责。

克莱夫是一位活跃在非政府组织领域和学术圈的国际事务专家，他比大多数人更能感受到Facebook的平凡琐碎与巨大潜力之间的反差。全球化的交际活动使他"越来越相信"社交媒体可以"变成强有力的影响手段"。克莱夫的观点是一个有趣的信号，表明新媒体可以扩大参与政治议题的受众范围，同时也会扩大学术思想的固有读者群。关于社交媒体技术产生的影响，他告诉我们：

> 如果我想把一些严肃的东西放在一个我认为会被很多人读到的地方，不一定直接求诸于报刊。我真的会考虑在Facebook上设置一个提示……说我刚刚得到了这条消息，你们可能想要跟进。如果你看我的Facebook，就会发现新西兰高级专员公署的二等秘书正在向我介绍所罗门群岛发生的事件的新进展。所以，看起来有点平凡琐碎的技术实际上变得很严肃。

在新闻等其他行业，Facebook也被用来增加沟通交流的机会，这早已是工作的一部分。帕特里克作为早间广播节目的助理制作人，经常会查看他的朋友圈子里转发的新闻，以此来了解当天的热门话题以及寻找一些可以提供报道主题的东西。Facebook聊天功能中的线上状态提示是新闻工作者使用这个网站的另一方式，目的是在交稿截止日期前组织好报道。如下一章所示，对面向公众的行业的岗位来说，这些为在线社交网络准备的、基于工作需要的应用程序是一个很平常的组成部分。然而，就像帕特里克发现的那样，在工作中使用Facebook也产生了问题，可能会妨碍他在职业身份和更轻松的个人形象之间取得平衡，他想通过该网站享受另一种形象的乐趣。

帕特里克的“创意”生活方式直接导致了这些问题。他不仅在自己的广播工作中使用Facebook，也作为一名音乐练习生不断扩大对它的应用。当他试图推广自己的现场表演之时，为了应对MySpace和Facebook不断变化的受众群，对技术手段的运用有时变得压力重重：

> 我觉得我可能确实需要用到它。老实说，如果不是为了音乐，我在家里对技术手段的使用可能会更加审慎和严格。很显然，我想和人们保持接触，但好像有一种技术在胁迫我的感觉。我觉得，如果不保持某种程度的线上活跃，尤其是在音乐方面（不是我渴望这样，而仅仅是我的一种印象），那么突然间，我生活中一切珍贵的东西可能就会离开、消失、不复存在。我将会没有朋友，没人来参加我的演出，然后我实际上就等于不存在了。我的意思是，这就是现实——我此时此刻感受到的技术的威胁。这是件可怕的事。

帕特里克的“受胁迫”的感觉清楚地描绘了在线人际

网络隐含的强制约束力。Facebook是一种“强制友谊”（格雷格，2007），帕特里克通过持续的“极度活跃的存在”来感知自己的被喜爱程度和受欢迎程度。创意行业的线上平台有一种创业维度（允许用户为他们的作品创建粉丝群），这是MySpace早期建立的互动模式的遗留。这家网站以音乐为导向的用户结构发展出了一种有效的文化生态，鼓励和支持新涌现的独立人才，这些人已经是相当多的经济模型和投资活动的依据（本克勒，2006；安德森，2004）。然而，随着Facebook的大规模应用，越来越多进行自我广播的受众遇到了一种新的冲突。用户永远不知道他们是出于艺术本身还是出于谋利的需要，来表现自己讨人喜欢的人格：

> 我之所以选择Facebook，是因为喜欢有一些跟音乐无关的东西，而MySpace对我来说是用来做音乐的。所以，我喜欢把自己的Facebook个人页面设定为非音乐导向。后来，我注意到有点事与愿违，人们逐渐弃用MySpace，而Facebook也越来越面向乐队和独奏艺人，并且（同样）以音乐为导向。所以，我现在不得不接受无处藏身的命运，音乐只会入侵我生活的每一个部分，除了现实生活中的面对面交流外，我没有私生活可言。[14]

[14] 这里值得注意的是，帕特里克作为一名待在相对较小的城市里的业余音乐人，除了现有的朋友和熟人，几乎不可能在表演的时候有其他观众。关于本研究进行期间，布里斯班音乐界的职业/业余选手混合表演情况的延伸讨论，参见罗杰斯（2011）。

帕特里克的“事与愿违”和“接受命运”的看法进一步证明Facebook带来了强制的亲密接触。他觉得别无选择，只能调整个人偏好以适应网站的主流应用方式，他注意到，不受干扰和放松的机会似乎正在减少。帕特里克使用Facebook的另一个麻烦之处在于，他还认为在这里可以消除由于扮演自己的职业角色——广播公司职员（他的“日常工作”）而产生的压力感。例如，他知道这家广播公司在Facebook上有自己的群组，但他认为“我真不知道为什么要加入它”。总的来说，他选择不跟公司的人在Facebook上加好友，“除非他们是真正意义上的朋友”：

> 其他任何一个只是工作上的熟人或同事的人……我都没加好友，如果让他们出现在我生活的每一个部分，并且该死的还要评论我的状况，我想不出什么比这更糟的。我想，我只会崩溃。我忍受不了那种做法。

帕特里克在Facebook上建立的朋友网络，在这里被描述为某种值得保护的宝贵的东西。他不愿暴露在同事的视线之下，表明了这一线上社区的功能是充当一个从工作要求中暂时摆脱出来的空间。出于不同目的使用Facebook的时候，帕特里克有多重身份，向我们展示了一个对于是否接受平台的交友规则有重要影响的区分过程。他的经验使任何对网站复合功能的简化解读都面临复杂的局面，同时也凸显出对成人用户和专业人士而言，网络平台有特殊的限制和机遇。[15]

本研究中的其他年轻劳动者也在寻找复合的管控方式，在网络身份和职业身份之间摇摆。安吉拉用Facebook“发社交邮件”，以便区分工作和个人生活。她把Facebook作为工作日里聊天的一个安全地带，以免受到对正式电子邮件的监控，而且还有一个好处就是可以在她的多个办公空间内使用。萨姆的情况同样如此：

> 我尽量保持一定程度的区分，因为这里有很多私人的东西，而且由于我是同性恋者，会去参加一些同性恋的激进性活动，这些东西通常没必要给我的同事看。

萨姆认为她的同事在“现实生活”中是朋友，在线上却不一样，“我当然不会主动寻求跟任何同事的联系”。她跟“一两个人”联系都是事出有因——“我对他们足够了解，知道他们无论如何都会理解我，（而且）这不会让他们感到震惊”。萨姆的看法很有意思，因为她把别人的想法放在自己交友活动的中心位置。她没有把自己工作以外的形象暴露给同事，以免产生冒犯他人的尴尬。

萨姆和帕特里克对他们如何使用Facebook的描述最为清

[15] 在线社交的新媒体账户存在局限性，一贯迷恋年轻用户，德里斯克尔和格雷格（2008a，2008b）对此进行了讨论。

晰明确，这不是偶然的。一个持续存在的线上朋友圈子有重要意义，直接关系到他们的有酬劳动的波动情况。作为从事不稳定的雇佣工作的“创意人士”，萨姆和帕特里克认识到，他们职业忠诚的基础还得建立在工作场所以外。对Facebook的使用表明，他们意识到有必要为意外情况做好准备。尽管每个人都会管理自己的个人页面，将其视为休闲和跟朋友交流的机会，但也很明显，这些小小的乐趣需要一系列复杂的权衡，要审视自己的身份并以特定方式呈现自己的生活。到了 2009 年底，有报道称，雇佣方要求应聘者在求职入围前打印他们的Facebook个人页面，只有对自我形象进行整饰才是恰当的。那些没有学会线上自我管理的人可能会面临严重的后果。[16]

[16] 在2009年的课堂上，我的学生举例说：雇佣方要求加Facebook好友，而潜在的雇佣方要求在面试之前打印Facebook个人页面。此后，一篇博客文章的评论部分对这种状况的合法性提出了有趣的见解，参见格雷格（2009c）。2010年，备受瞩目的澳大利亚奥运游泳运动员斯蒂芬妮·莱斯因为头脑一热在Twitter上发表了贬损言论（歧视同性恋者——译注）而受到媒体的严厉审视，导致许多赞助商取消了与这位明星签订的丰厚合同（罗伯逊，2010）。这一尴尬的遭遇预示着在本书讨论的趋势下，其他类型劳动者可能会面临越来越普遍的公众反应。莱斯的故事颇具讽刺意味的反转在于，就在几年前，她曾把自己Facebook个人页面上的香艳照片泄露给媒体，使她一举成为公众焦点并攀升到了社会名流的位置。

排忧解困的朋友

Facebook好友是我们转向弹性工作和合同工以后，所面临的不断变化的利害关系的表征之一。用户有选择地把Facebook用于工作目的，表明他们在一定程度上行使了代理权，允许使用自己的“网络资本”。正如布兰德维尔和里维斯（2008：21）对这种关系的描述：

> 成为机构一员，对我们的认同感以及他人如何评估我们的价值、身份和潜力仍然有重要意义。但是，网络资本的作用越来越大，个人的声望、经历和网络呈现将产生重要影响。

对萨姆和帕特里克这样的劳动者来说，网络资本提供的机遇超出了雇佣他们的特定机构所能及的范围。但同时也给他们带来了管理自己“网络声望”的负担。开展交友活动，除了要在被选中的人面前表现出一种既小心又“极度活跃”的存在外，还要决定谁有权获得网络联系的好处。对雇佣方来说，这种声望管理的新形式带来的难题在于，如果个人离开组织，“他们就带走了自己的网络资本”，即使这套人际关系是在公司期间发展和维持的。尽管本研究记录的访谈在最低限度上对这是否符合实情提出了疑问（领薪员工几乎不会把工作时间浪费在Facebook上，往往是在办公室以外使用它），但更大的问题确实存在。公司现在面临的新问题是，当劳动者的个人声望很少通过对公司持续不断的认同来维持之时，如何唤起他们的忠诚。在这种新的文化里，线上人际网络对工作和个人利益都有关键作用（布兰德维尔和里维斯，2008：65）。

到目前为止，雇佣方尽量利用员工的网络资本来谋利，在机会主义和惩罚之间来回摇摆，想把Facebook对生产效率和品牌声誉的威胁降到最低点（摩西，2009）。这两种反应都误解了该网站目前在白领职场中的作用。办公室文化要求所有的线上业务都保持友好和团队合作，在这种语境下，劳动者需要一个地方来发泄办公室生活带来的诸多负面情绪，Facebook扮演了他们所需的减压阀角色。如果一段工作经历中缺少屏幕以外的普通社交途径，社交网站就成为心理缓冲地带（莫里斯，2009）。

当前不少关于Facebook的批评文章借鉴了欧文·戈夫曼的经典研究《日常生活中的自我呈现》的成果，他们担心：为了突出一个优雅、公开的网络形象进行的努力，会威胁到保持“后台区域”行为方式的可能，即我们所说的“不适合广播”的那些东西。在戈夫曼的理论中，“后台区域”是一个我们放松戒备的地方、朋友们接受我们真实面目的地方，是公众形象的“面具背后”。拥抱在线社交媒体的举动引发人们的担忧：个人逐渐习惯了职业工作中的“深度扮演”（霍克希尔德和马尚，1989），他们可能再也没法回到那个留给亲密他人的“真实”自我了。本章提供的证据显示出的情况稍有不同。正是由于Facebook好友是真实的这一认知，促使员工保护这个网络空间不受外界侵扰。在工作日里与亲密好友进行轻松交流的可能性，推动着许多Facebook用户上网，因为在很多情况下，长时间待在办公室里削弱了他们以其他方式发展这些友谊的能力。

如果“前台区域”的行为方式在休闲活动中变得像在劳动时间中一样占据主导地位，它将会成为人们忧虑的重要因素，因为维护职业形象所需的情感劳动得到了如此可疑的赞赏。这就是为什么我们有必要把布尔迪厄和戈夫曼的理论结合起来阅读，把这些讨论所偏好的特定阶层人群分离出来。就像戈夫曼认为的那样，社会阶层更高的人总是花更多时间在前台区域，这样做是他们更高身份的直接体现。他写道：“一个人在社会地位的金字塔里位置越高，与他熟识的人就越少，用在后台区域的时间就越少，而他越有可能被要求彬彬有礼、庄重得体。”（戈夫曼，1973：133）

社交网站是阶层和权力重组以适应新的经济形态的途径之一。在这里，数字素养呈现的特征是能赋予用户特殊的权利，因为联网只是更大的文化资本循环的第一步，建立这种循环是对那些熟悉和享受上网之人的回报。在现代职场中，Facebook个人页面上的表演[17]甚至可以说正在取代福特主义的人格面具，成为一个人能否参与竞争和在职场生存的

---

[17] 表演（performance），也译作“演述”，人类学术语，原意是指在特定情境下以说、唱等形式进行表达、展示和互动的过程，既是艺术表演也是一种群体性的文化活动和社会实践。——译注

重要标准。[18]这些网络平台的嗜同倾向无疑使它们与当前数字鸿沟[19]的拉大有莫大干系。布尔迪厄对趣味和亲和力的论述，让我们看到了这些活动是如何跟文化资本的漫长历史相关，跟展示和认可文化资本的实践相关。

Facebook在本研究进行过程中的巨大发展，要在阶层流动性增强的背景下才能得到很好的理解，这种流动性是伴随着教育机会扩大和领薪工作的新形式而来的。这些结构性的变化与转向弹性职场同时发生，引发社交方式的重大调整，以满足劳动者对家庭、社区的持续支持的需求。转移到Facebook的快乐与焦虑，是那些把社会流动性视为理所当然的人们关注的重点。从这个意义上讲，我们应当注意到Facebook实现的公开的友谊并非网络时代所独有。过去几十年，社会流动性在人们寻求中产阶级安全感和赞助的过程中发挥了作用[20]，也给友谊这个范畴带来相应的要求。威廉·怀特在《组织人》里谈到，在职业晋升的漫长征途中，人们想要在公司城之间流动，就要建立一种“外向型人格”。他在分析美国郊外住宅区的社交网络之时描述的“友谊网”，是当代万维网上强制友谊的先导。怀特认为，对于

[18] 本书一位匿名读者的建议启发了这一论断，笔者对此表示感谢。

[19] 数字鸿沟（digital divide）也叫信息鸿沟，是指不同区域、不同人群对信息和电子技术的应用程度不同，造成了就业、教育、消费等方面的机会不平等，最终导致财富分化。——译注

[20] 赞助（patronage）包括提供教育机会、工作机会、活动资金等。——译注

在陌生地区寻找归属感的夫妇来说，除了参与社区的“外向型生活”外，他们几乎没有别的选择。他的分析强调了一个长期困扰职场人士的问题，当工作迫使他们离家远行的时候，他们试图找回失去的社群意识。上述分析也提供了一个早期信号，表明忙碌的职场人士建立亲密关系的途径十分有限。

本书第二部分的前两章展示了网络文化如何为劳动者提供一个相对安全的空间，以应对办公室生活的要求。当办公空间阻碍了同伴式支持关系的有机发展之时，Facebook好友和互发信息的伙伴扮演了这一角色。线上友谊是对一系列经济社会变迁的必要补偿，这些变迁包括工作入侵家庭和休闲空间，不稳定就业造成的孤立状态以及中产阶级专业人士中盛行的加班文化。人们在多大程度上选择在网上处理他们个人生活的重要环节（从寻找下一本要读的书到寻找生活伴侣），折射出在一个被上班族日程表主导的文化里，他们有多少机会建立亲密关系；同时也带来了疑问：先前的社交活动和组织关系的形式，是否在提供持久而令人满意的人际关系方面具有可靠性。

另外，线上亲密关系的特定权益被证明是在表现和欣赏共同的习惯、趣味之时积累起来的。使用社交网站表明一个人加入了由全球范围内流动的信息工作者组成的新兴阶层。Facebook的“连接人们”的使命是基于早期互联网与众不同的承诺，即找到朋友间交流的途径，似乎过去还没有别的媒体能促成这样的体验。这样做的结果是把特定的性情或“惯习”神圣化，帮助知识工作者整合其阶层。在评估Facebook的主流地位之时，不应当忘记它最初的诞生地是哈佛大学的宿舍。Facebook现有的特权网络是通过文本表演、数字素养和有用的人际关系的独特组合来实现的。Facebook用天意使然和民主进步之类的语言来赞美这一切，雄心勃勃的中产阶级对自身在社会空间中的特权地位作出了独特表达，Facebook成为这种表达的最新形式。这样做的原因在于，控制虚拟领域对于在全社会范围内获得成功有越来越重要的意义。[21]

团队合作最终的狭隘目标是确保公司的效率和生产力，相比之下，Facebook无论如何都让我们认识了一个更大的世界、一个需要我们关注的更广阔的社区（勃兰特，2007）。Facebook打开了劳动者的视野，超越了格子间的日常关注范围，让他们跟其他许多重要的事物保持接触。在这些对外部世界的关注中，无疑有很大一部分也肯定了他人既有的喜好和生活重心，这是友谊最好的品质之一，既体现我

[21] 本书付印之际，大卫·芬奇的电影《社交网络》将在全球上映，这可能是Facebook网站创始人马克·扎克伯格迄今为止遇到的最大挑战。电影预告片引用的一句话描绘了Facebook理念的最大魅力：“我们说的是大学的全部社交经历，以及把它放到线上。”这部电影清楚地描述了该网站对目标人群的设想，同时把扎克伯格描绘成一个希望加入富有的精英阶层的外来者，凸显了更广泛的、对本章谈到的阶层流动性的文化兴趣。同月，扎克伯格在最新的福布斯富豪榜上名列第35位，《名利场》杂志把年度新晋富豪榜的头名授予了他（谢尔维尔，2010），这是一次相当大的地位提升。

们的良知良能，也给他人带去安慰。然而，Facebook的表演性质和个人访问地址使它成为一种新的在场、见证和责任的代名词，寓于全球化资本的另一种隐匿的力量之中。

—第 6 章—

了解你的产品[1]：线上品牌塑造和保卫友谊

这种软件是一天中持续不断的干扰之一。

——托尼，大学教授

2009 年 7 月，美国电器连锁公司百思买在其位于明尼苏达州里奇菲尔德市的总部发布了一则线上招聘广告，招募

[1] 本章标题“了解你的产品”引用了20世纪70年代布里斯班著名朋克乐队“圣徒”的歌名（这首歌模拟了推销香烟和香皂的场景，叙述人质疑了商品的功用。——译注）。这首辛辣歌曲的创作意图是批评基于商业目的的音乐产业，与本书中的创意工作者存在关联。后者被鼓励研发成功的赚钱套路，一方面是为了抓住有利可图的青年人市场，另一方面也是为了抵御经济衰退带来的产业脆弱性。在本研究进行期间，圣徒乐队为一场作为特别活动的音乐会进行了重组，庆祝布里斯班在培养并输出摇滚人才方面刚刚取得的世界领先地位。见第一章注释9。

“高级经理：新兴媒体营销”。遴选标准之一是要求应聘者在网络平台Twitter上至少有250名关注者。最终胜出的应聘者要负责“领导百思买的移动的、社交的和视频的营销以及媒体工作，推动线上、线下销售，培养出长期稳定的口碑传播者和品牌拥趸”（班纳吉，2009）。当这篇报道在国际新闻媒体上传播开来之时，第一个职位、对Twitter联系人有量化要求的工作已经招到人了。百思买的这篇报道紧跟着全球经济衰退而来，是数字互联时代求职机会发生变化的标志。2008至2009年，在各种商业媒体和招聘媒体上，雇员们被鼓励加入社交网站，以提升他们在困难时期获得职业安全和成功的可能性。这表明发Twitter并非微不足道的小事。

与这些发展同步的是，对社交媒体感兴趣的实习大学生获得了大量新的“工作机会”，尽管明显没有多少媒体报道。这些学生通常是在攻读市场营销、传播和新闻学的学位，并且往往高中刚毕业的时候就被临时雇佣，在暑假从事无薪工作，为他们的雇佣方调查社交媒体平台能否带来好处。如果说2008年是Facebook发展的黄金时刻的话，那么同样是这一年的夏天，许多年轻用户把大量的时间无偿地花在这家网站上，调查它对各类企业的价值。悉尼的阿巴克斯招聘公司就是这样一家企业，既想节省薪水开支，又想紧跟网络媒体令人兴奋的发展。2009年中刊登的广告“社交媒体战略篇”吹嘘说，营销实习有一系列的好处：“开发你的营销技能！毕业前积累经验！弹性工作时间！”这是一个每周工作两天的无薪岗位，只有其中一天有权使用办公室（见招聘网站seek.com.au，2009）。临时雇佣白领学徒、低估他们的劳动价值，让他们展示自己的奉献与美德，本书已经指出了这种做法给劳动者带来的压力（见第 3 章）。社会营销实习是下一个步骤。精明的企业把一脸稚气的学生当作主要目标，试图利用不稳定的就业市场的漏洞，这些学生在离开学校、与他人竞争的时候面临经济衰退的影响。无薪临时岗位的工作经验被当作唯一的好处来出售，可以带来抵御金融风暴的微弱竞争优势。新媒体的炒作氛围，大众对Facebook的迷恋，再加上经济发展的不确定性，使一种“牺牲劳动”（罗斯，2004）的新模式被奉为圭臬。

把社交媒体用于企业目的，是一种在新经济的研究文献中已普遍存在的话语的自然延伸，汤姆·彼得斯[2]颇具影响力的文章《自我品牌化》（彼得斯，1998；布雷迪，2007）对这类文献有启发意义。《连线》杂志的精英读者是第一批认识到新兴科技平台在向新的受众推销产品、技术方面具备价值的人之一。Web2.0 的倡导者称赞互联网有前所未有的能力，可以消除旧时代商业文化的等级制度（尤其参见舍基，2008；布伦斯，2008）。与此同时，注重公共关系的风尚决定了企业有必要制定“社交网络战略”，这是投入资金，寻求企业形象更新、改善与客户的沟通交流，通过情感营销提升品牌忠诚度的一个主要原因（参见詹金斯，2006）。

[2] 汤姆·彼得斯，美国管理学家、畅销书作家，代表作包括《管理的革命》《追求卓越》等。——译注

社交媒体在早期使用者的欢呼声中以二次降临的形式出现（他们当中的许多人在扩大的营销部门里找到了工作），这是对那些尚未从互联网的第一次大起大落中彻底恢复的忠实信徒的祝福[3]。通过大力宣扬参与式商业应用平台的好处，一批新的网络预言家干出了成绩。他们的题目包括《浪潮：在一个被社交技术改变的世界里获胜》（夏琳·李和波诺夫，2008）、《信用代理人：用网络建立影响，提高声誉和赢得信任》（布洛根和史密斯，2009）、《社群经济：社交媒体如何改变我们的生活和商业模式》（奎尔曼，2009），以及跨界畅销书《大家都来：无组织的组织的力量》（舍基，2008），这些书回答了忙碌的高管们的重大问题，包括如何“在Twitter上找到正确的‘品牌声音’”（特纳，2009），避免“关注失败”（巴特比，2009）的糟糕结果。[4]

最重要的社交网站MySpace和Facebook成为主流应用，在这一时期经常被归因于年轻人的休闲选择。大量研究对青少年和大学生在传播平台上进行“自我品牌塑造”的坏习惯进

[3] “二次降临”“祝福”都是用基督教语言来形容互联网产业在Web2.0时代（更注重交互式体验、用户参与内容生产等）的再次繁荣。——译注

[4] 这里可以提到的书名不计其数，引用这些只是举例说明。不过，杰夫·利文斯通2007年的著作《现在已成过去：高管和企业家的新媒体入门》比大多数同类作品更好地描绘了这类出版物让人目不暇接的问世速度。正如凯文·罗思（大学辍学者和digg.com网站创始人）在2008年末的《商业周刊》封面报道中评论的，“早上洗澡的时候，事情都会起变化”。

行了调查，得出了小心谨慎且往往道德化的结论。然而，恰恰是新兴的公关行业在鼓吹网络媒体的商业应用，它们对这些网站日益强化的主导地位同样至关重要。网站的品牌塑造潜能得到了商业顾问的肯定，也为我们提供了一种话语，学者们似乎只想用这种话语来研究在线社交的实践，而上一章显示出情况要复杂得多。亨利·詹金斯是大企业与媒介研究之间展开对话的一个关键人物，用他的话说：到了这个十年的中期，“树大根深的社会机构”正在“改头换面以适应媒体融合与集体智慧的时代”（2006：24）。新媒体技术使消费者“可以用强有力的新方法对媒体内容进行存档、评注、挪用和流通”（2006：18），而媒体制作人可以“跟他们的支持者和消费者建立更紧密的联系”（2006：22）。像詹金斯这样的学者论证了这些实践对媒体粉丝和受众进行赋权的可能，人们对跨平台或“跨媒体”生产的积极作用逐渐达成了共识（特纳，2010）。

在这一过程中，很少有人注意到媒体行业内外的劳动者的经历，他们是媒介融合理论的基础，他们的工作从根本上受这一理论假设的影响。[5]在信息工作中，员工们不断被

[5] 这里没有提到为互联网的二次繁荣提供动力的新企业的工作环境。《华尔街日报》2009年5月的一篇文章称，Twitter用户数量“从一年前的160万跃升至据估算的3210万”，其员工数量仍为45人（高于1月份的21人）。Twitter创始人伊万·威廉姆斯和比兹·斯通的想法被描述为“稳步发展这家公司，以便找到适合其企业文化的人”，与本书第4章讨论的趋势一致。这被定义为通过“诸如家庭式午餐、每周茶会时间或欢乐时光派对之类的仪式”来实现。参见瓦塞拉罗（2009）。

要求增加他们的劳动量，出现在越来越多的媒体和传播渠道中，与目标人群的喜好保持一致。公共部门的情况跟企业环境没什么不同，组织上对公共服务的承诺进一步提高了这种要求。根据詹金斯的描述，信息和通信平台是跨媒体内容在生产者和消费者之间传递的“传输设备”。在这种视野中，让技术设备得以运转的劳动者的基础建设被认为是次要的。事实上，把传输设备用于工作而非娱乐的情况还远远没有被记录下来。

本章展示了社交媒体战略对那些实际上在提供强化服务的人的影响，机构声称这些服务是“参与的革命”的胜利果实。在这类职场中，在线义务扩大了现有的岗位职责，却没有消除员工先前的工作期待，这是依赖通信技术的职业产生“功能潜变”的另一例证。机构为了迎合他们想象中的新媒体平台的年轻用户群，特意雇佣了创意领域的专业人士，后者认为科层制的职场往往会阻碍人们享受网络文化的参与乐趣。无论怎样，企业都会出于商业目的对网络文化进行战略性利用，并要求它的员工也这样做。这意味着把团结友爱的通道变成了它们的殖民地，而在前面的章节里，这些通道被描述为劳动者在孤独工作环境里的支撑结构。因此，本书这部分在最后提出了一个关键问题：如果社交媒体是员工抵御工作入侵其个人生活的重要手段之一，那么我们需要怎样的劳动政治才能抵抗管理层的压力？他们从商业利益出发，想要窃取友谊的人际网络。

参与的基础

2006 年底，《时代》杂志把网民（You）选为年度人物，这是本研究记录的时期内最早的信号之一，预示着社交媒体将成为人们关注的焦点。杂志的这一姿态是一种更大的文化意识的最终体现，即被科技武装起来的个人在参与式媒体的环境里拥有了新型权力。在遍及布里斯班的办公场所中，随处可见管理层正在努力转型，试图制定外向型的新方案来吸引公众参与，并连接跨多媒体平台的用户。对员工来说，这项新任务往往是以牺牲传统的工作职能为代价的，帕特里克清楚地解释道：

> 我们所有人——制作人和主持人，都被要求把内容上传到我们的网站上，以至于我们被告知：如果需要放弃节目中的一段采访，以便节省时间上传报道，那就这么做吧。

优先考虑线上内容是帕特里克所在职场的新的经验之谈。对一个以高质量广播节目为本的广播公司来说，这标志着重大的文化转向，并非所有员工都为此感到高兴。很多人想知道，上传网络内容是否威胁到“做优秀的广播节目”这一基本的职业承诺。尤其是管理层如此公开地向员工授权，强调单个报道在特定条件下可以作出牺牲，这些东西在过去是工作日里的面包和黄油。

据帕特里克讲，广播主持人加利热情地回应了新的管理规定，并且“非常非常积极地”上传内容到网站上。加利开发了一套系统，当灵感来临时就在家里写博客，“他会提前写好5篇、10篇博客文章，每隔一段时间安排它们跟读者见面。你知道吗，如果他外出一周，你仍然能看到有博客文章贴出来……他做这个非常非常勤奋”。加利和其他拥有稳定粉丝群的主持人认为，有机会通过线上联系来加强与受众的互动是一大福音。正如该广播网的另一位记者所说，使用Twitter这样的平台意味着广播网为人所熟知的角色“实际上可以有自己的个性”，并且可以在特定的报道之外表达他们的观点。

加利有在工作室以外履行工作职责的意愿，这符合本书迄今为止描绘的更大范围的趋势，表明家庭空间正在扩展其功能以适应额外的工作要求，尤其是在工薪族中间。对帕特里克来说，他已经在指定的非全日制工作时间内尽量满足无线广播的直播要求（见第3章），他的同事对线上互动的贡献让他松了一口气。为网站制作补充内容是帕特里克试图限制自己工作量的少数方法之一。

在本研究进行期间，广播公司提升线上存在感的努力已经延伸到了博客、线上讨论、“留言簿”、文字底本和播客，这些仅仅是让受众参与到广播内容中来的手段之一。公司的总经理大力提倡所有广播人都用Twitter来“满足现代观众对即时、跨平台新闻的需求”，保持广播网的强大影响力（斯科特，2010）。[6]30 岁的新闻专业毕业生贝琳达是一名见证了这一转变的记者。在本研究刚开始的时候，她是广播公司新闻网站的评论编辑，职责是组稿和协调在博客上发布的短文。线上发布的周转期很短，需要收发大量的电子邮件、即时信息以及跟作者通话。她把这些事务跟手里正在做的工作结合起来，比如追踪网站评论、紧跟每日滚动新闻。2007 年是公众对澳大利亚联邦大选密切关注的一年，贝琳达还要负责确保广播公司围绕大选进行的报道符合法律法规，避免诽谤性的报道。在这里，交互式平台的参与潜能（Web2.0 预言家们赞美的具有民主精神的功能可见性）制造了一种维护线上空间秩序的义务，一项无视你的办公时间的义务。贝琳达注意到，广播网的博客软件是可以突破广播公司总部严控的防火墙的少数几个平台之一。因此，她觉得选用TypePad[7]“带来了一种不言而喻的工作要求，即你得在家里写博客”，而这一切“在我看来，对保持工作与生活的平衡不是什么好事”。

随着时间推移，贝琳达的角色已经变为负责整个地方新闻网站的执行制作人，她需要承担更多的责任。现在，她正在协调各项工作安排和培训新员工，同时通过新闻报道、博客文章和Twitter来保持自己对网站的贡献。我们可以通过

---

[6] 到了2010年，这家广播公司已经制定正式的社交媒体政策，那些难以适应新范式的员工面临严厉的训诫。见澳大利亚联合新闻社（2010）。

[7] TypePad是一种商务型的博客平台。——译注

她对Twitter的应用来了解这些不断变化的工作要求：

> 最初，我用的是化名，因为我真的不知道别人在做什么以及我该做什么——我是（广播）公司的人，应该用自己的身份抛头露面吗？后来，我决定把它改成自己的名字，现在是我的名字。但我心里还是很清楚，我的个人页面上写着我为（广播）公司工作。这似乎是一件跟工作有关的事。我不会由于个人原因发很多Twitter。而且大多数关注我的人和我关注的人都待在媒体内。一群同行吧，我想。

随着网络平台应用的规则逐渐固定下来，贝琳达对Twitter的使用从好奇的试探发展为职业化的适应。她的经历表明，在最终服从由他人建立的基于行业要求的惯例之前，她觉得有必要权衡一下个人隐私方面的得失。在这一转变过程中，贝琳达评估了在网络空间里对个人身份和职业身份进行区分的好处。事实上，我们可以说当她找到两者的结合点的时候，她成功地适应了这项技术，这种认知对白领劳动者来说至关重要。

贝琳达被赋予了新的责任，她有规律地“发推”，推送广播公司的动态消息——混合了每小时自动发布的Twitter文章和必须在办公室范围共享的“突发新闻推文”。所以，尽管管理层强调广播人要利用Twitter平台吸引受众，Twitter也被用于幕后工作，以便履行广播公司作为新闻服务机构的既定角色的职责。这一新的要求是在贝琳达现有的雇佣工作基础上的一项附加劳动，而这同样是我们讨论的工作发生“功能潜变”的典型案例。在她看来：

> 实际上，目前还没有发展到需要单独安排一个 Twitter 轮值岗位或类似工作的阶段。然而，如果我们想把事情做好，如果它被证明是一种会持续存在的东西而不只是一时的时尚，那么我们必须把它纳入某种工作流程的系统之内。现在，它只是我们一小部分人整天都在做的事……不会花太多时间，只是要记得完成。

贝琳达的评论反映出，她需要根据新的工作要求进行一系列的适应性调整。她想知道Twitter会不会是一时的时尚，似乎没有意识到Twitter在多大程度上已经成为工作日里最基本的基础建设的一部分。就像本研究中的其他几位员工一样，她为科技带来的劳动量的临时增加进行了辩解，认为这不过是短期现象。花在Twitter上的时间被认为是一个小小的例外情况，需要在恰当的时候来评估其长期影响。

当我们注意到贝琳达在本研究进行期间接受了多少其他的新技术手段，“例外状态”的累加效应就变得十分明显。我们第一次会面的时候，她是拒绝使用Facebook的少数几个劳动者之一，但到了我们再次见面之时，她已经在用Facebook。TypePad是她为了维护评论网站而不得不学着使用的另一个平台，她承认在必要的时候会在家里使用它。最后，贝琳达在晋升为代理执行制作人以后，自学了广播公司网站背后的整个制作系统，大部分是“通过反复试验”。以上每一种情况，她都能在缺乏正式培训的条件下紧跟工作相关技能的步伐——只要把学习这些技能的劳动放到她的私人时间里就行。

吉奥乔·阿甘本在《例外状态》(2005)里描述了常规法律在主权受威胁情况下的暂时悬置。当国家主权处于危险之中，国家会制定策略来证明加强和(或)扩大权力以抵御特殊危险的正当性。结合这一概念，贝琳达的故事可以被解读为本研究中几个职场导向的“例外状态”之一，在这种情况下，对劳动补偿的要求由于科技手段的独特性质而被悬置。我们很快就会看到，未能把技术应用理解成结构上强加的，将导致劳动者对技术的边界缺乏清晰认识。为了保持所需的产出，正常的工作时间会被延长。[8]贝琳达感觉Twitter可能只是一时的时尚，这种理解未能看清现实：在目前的工作环境下，它只可能被别的通信平台取代。在将来，她的工作职责里会不会没有适应新技术这一条要求？可能永远不会有这样的机会。

[8] 就广播公司而言，新闻部门的常规“事件”(选举、森林火灾、骚乱、洪水)把报道的优先权置于对劳动者的考虑之上。同一时期，弗兰克的职责是负责这家新闻网站2008年的全面改版，他说自己熬了几个通宵，以便在管理层要求的网站重新上线的最后期限之前完成。这些狂热的工作周期往往会导致肌腱发炎和因过度使用电脑而产生的其他身体症状。

跟上进度

贝琳达作为一名刚毕业的学生，在线上职场中处于有利位置。和帕特里克一样，她把广播公司的工作当作实习工作经历的延伸，对科技的兴趣有助于适应公司不断变化的要求。与此形成对照的是，本研究中的一些劳动者（尤其是年龄大些的人）索性放弃了与技术的发展保持同步。这些劳动者通常担任高级管理职务，较少依赖技术专长。克莱夫谈道：

> 我的问题是没时间去使用那些该死的玩意儿……我其实很想花时间去探索这种技术，探索它把我带向何方……这是一个我没有涉猎的前沿，我应该去探索它，因为世界的背后还有世界。

在信息工作中受重视的专业技能类型存在着代际划分的特征。以克莱夫为代表的高层团队，仍在沿用他们早年进入管理层时积累经验和声望的模式。而在贝琳达的案例中，员工因为表现出灵活性以及持续提升技能以适应新的业务重心而受到奖励。处于两种模式之间的劳动者，需要应对从一种职业激励结构向另一种结构的转变。

塔尼娅比贝琳达大几岁，在图书馆做非全日制的项目干事。作为一个很关心信息的传播检索的人，她对维基、博客和播客在职场里的应用表示欢迎，因为它们能让人接触很多新思想。但她一直担心自己只有“有限的时间”来研究如何使用它们。塔尼娅想知道，年龄是不是她更好地发挥自身作用的天然障碍。

> 我一直对自己说，社交网络……只有足够地熟悉和了解它，才能让它完全融入你的整个生活。但是，你需要启动时间。这是学习它的第22条军规[9]，这样你才可以跟它融为一体，你明白我的意思吗？或许是对我这个年龄的人来说，它不是自然而然的东西或者类似的原因，我不知道……
>
> 我已经考虑在假期挑选更多播客，订阅更多内容，我要挑选更多的RSS订阅源[10]，因为我觉得从长远来看，这样做实际上会节省时间。然而，我只是忙着做一些日常琐事，实际上没有时间。我订阅了很多线上内容，但我可以看到人们现在正转向订阅源之类的东西。我想这样会很好……可能不用花太多时间，可我就是没法坐下来做这件事。

塔尼娅似乎被伴随新技术而来的大量前期宣传麻痹

[9] 形容某些不合理的规定或条件限制，造成左右为难、无法摆脱的困境。出自美国作家约瑟夫·海勒的讽刺小说《第二十二条军规》。——译注

[10] RSS是一种新闻提要的推送模式，类似于在微信上关注公众号。——译注

了，她知道这些新技术蕴藏大量的好处。由于存在这种认识，即所有创新都是为便利设计的，她想进一步了解网络文化的欲望更强烈了。颇具讽刺意味的是，她觉得没时间来学习如何运用这些节省时间的手段。塔尼娅的回答反映了一个更大的问题，与职场期待的技术应用的速度有关："我觉得我正在把所有这些东西都储备起来，然后思考'假期里该做点什么？'而这时你会觉得恼火，然后意识到，等等，这里出了点问题。"她的同事唐娜也有类似观点："所有这一切都需要时间。如果有时间，我应该在公园跑步，而不是在电脑前坐一天。这很无聊。"她总结道："在电脑前度过漫长的一天。你可以把整个人生都投入工作中，而不进行任何娱乐活动。"

这样的评论凸显出，参与式经济带来的民主化福利是如何依赖特定的习惯，并没有平等地适用于所有劳动者。那些处于科技应用前沿的人通常都是年轻人、白人和男性，有时间保持对多媒体的频繁使用。[11]对塔尼娅这样的劳动者来说，在获得在线技术的好处之前，要花额外的时间去掌握它们。与此同时，唐娜的经历代表了许多雇员的状况，他们需要确认在工作安排已经十分紧张的情况下，把时间花在学习新技术上是值得的。对在职妈妈而言，这些回答还表明了在

[11] 詹金斯在《融合文化》的导言中承认了设定这一目标人群的局限性，但该书的商业导向对阻止这种用户偏好的具体推行很难起到什么作用。参见德里斯克尔和格雷格合作的文章，以及讨论詹金斯著作的《文化研究》专号的其他文章。

利用参与式媒体提供的功能方面，性别有着重要影响。事实上早在12年前、塔尼娅上一次休产假的时候，她对工作相关的技术就有一种“岌岌可危”的感觉：

> 当我离开的时候，技术上发生了很多变化，我觉得被整个世界甩在身后。实际上，我有意识地做了很多努力，花了大量业余时间，报名学习一些新技术的课程，我只是讨厌那种不知道自己在干什么的感觉。当我待在家里的时候，互联网和所有一切都到来了。

在这里，职场变化的速度构成了一个极为不利的因素，因为承担育儿的责任妨碍了技术能力的持续积累。塔尼娅现在发现，跟上进度所需的时间周期进一步拉长，她觉得“巨大的变化一直都在发生”，这使她暂时逃离办公室的难度进一步加大。

塔尼娅的经历和之前贝琳达经历的差异，可以从是否休过离职长假的角度来理解。贝琳达在任何重要时期都没有离开过职场，她已经习惯了这种要求，定期更新自己的技能，以便在工作岗位上保持领先。后面的章节将重点介绍，这种习惯是如何随着她在职场中的等级提升，改变她应对工作要求的能力的。越来越多的职责让她十分忙碌，以至于无法真正估算她被要求使用的技术平台的数量以及这些平台如何影响她的工作量，这并不是偶然的。相比之下，塔尼娅离开办公室的时间进一步表明了事情发生变化的速度有多快，以及要跟上发展的脚步有多难。然而，在本章所有劳动者当中，只有塔尼娅认为自己为适应职场进行的努力是自身能力的反映。她做出了待在家里陪伴孩子的决定，她觉得这是被科技甩在后头的主要原因——并不是公司战略的问题。

其他劳动者的情况进一步表明，年龄和性别并不是影响他们应对技术推广的唯一决定因素。帕姆是一名 29 岁的图书馆馆员，在本研究进行期间也感受到了雇佣方的新的宣传措施的影响。帕姆最初被图书馆聘用担任馆藏员的职务，她的工作包括接收、归档和入库从捐赠者那里征集的东西。虽然这不是一份特别有挑战性的工作，但她喜欢这种状态，工作可以限定在固定的办公时间内。帕姆的工作适合她安静的性格。虽然有时需要跟捐赠者通电话和单独见面，但她的工作通常只限于发发电子邮件，她更喜欢发邮件而不是打电话。然而，图书馆的许多举措正在改变原来的工作安排。第一个变化就是把博客引入文化遗产收藏。用博客来介绍图书馆的收藏情况，被认为是增进公众对图书馆提供的资源、设施的了解的手段之一。图书馆还转向了其他新技术，使客户的反馈渠道得到优化提升。帕姆现在被安排到了图书馆普通藏书库的咨询台，负责回答来访者的询问，这一职务与电话值班交替进行，后者已经扩大到把网上即时通信也包含在内。

帕姆承认新平台让她感到紧张，因为这些平台需要更多与公众的主动接触，这是她过去不习惯的。总体而言，她发现很难应对越来越多的职业要求。“它们没有减少任何工作量。”她说，“它们只是带给我们更多要干的活儿。”在她看来，“你可能认为有些东西是该付出的，然而你懂的，不能老是给我们压任务”。在刚开始的时候，帕姆觉得可以胜任自己的工作，但任务不断增加让她觉得“压力倍增”，“我也有点担心，因为我想完成任务并且想把它做好”。

这家图书馆增加的线上服务是一个更大的外扩计划的组成部分，包括利用它在市中心的位置更佳的新址，安排了一份重要的活动日程表。这些公共项目意在提供娱乐性和透明度，吸引公众更好地了解图书馆设施。这种外向型的工作重心显然是基于参与式文化的革命性。作为公立机构，这家图书馆看到了与广播公司相似的机会，利用线上平台拓展其社会服务，加强社会联系。但这一变革的结果是，工作重心偏离了那些在员工的职业认同感中处于中心位置的技艺，对图书馆而言是收集和归档，对广播公司而言是广播新闻。

在这里，公共服务的理想和作为线上参与的支撑性理念的用户原则之间缺乏区分，给劳动者带来了明显的影响。许多员工是有意识地选择与自身专业技能及喜好匹配的工作的，线上工作对他们意味着个人角色的重大变化。帕姆再也不能“躲在幕后”保持对图书馆的贡献了。和贝琳达一样，她也被鼓励通过与公众对话来发挥自身作用。帕姆表达了自己对参与性原则的批评，她担心图书馆正在发生的变化是为了在想象的受众面前表现得更有“魅力”。她怀疑在管理层心目中，维护藏品的工作并非“同等重要”。帕姆正在适应这些新情况，在本研究行将结束之时，她流露出了愤世嫉俗的迹象，她认为："无论他们说什么，我们都必须照办。"[12]

青春的本质

如果说，各机构在这一阶段的进程中很明显地抓住了社交媒体，将其视为机构振兴和加强社会联系的动力之源，那么这也是对Web2.0 与"青春"的关联性的一种回应（德里斯克尔和格雷格，2008a，2008b）。一位图书馆项目干事在描述她当前的工作任务之时，很好地捕捉到了这一点："因为这是基于青年人的项目，我们正在使用Web2.0 应用程序……我们有MySpace，在Flickr上有图片，有Bebo……好在

[12] 帕姆的经验与其他对信息经济中图书馆馆员工作职能变化的研究相吻合。特雷茜与哈亚希（2007）对大学图书馆馆员的研究认为："随着图书馆越来越依赖科技手段，图书馆工作和读者活动这两个方面似乎不可避免地要发生根本性的转变。首先，已经很明确的是图书馆工作人员被委派的任务数量不断增加。其次，曾经属于图书馆馆员公共服务工作的许多东西，日益成为用户在图书馆、自己家里以及工作场所中进行的'消费劳动'（通过信息和通信技术进行搜索、检索、复制）。"（2007：63）麦克切尔和莫斯可（2007）主编的文集（包含本章）以及后续的合作成果《通信劳动》（2008）标志着对白领职场的技术手段进行批判性研究取得了良好势头，这距离祖布科夫的《在智能机器时代》（1988）出版已经过去了差不多20年。

还有顾问帮我们运行。”[13]新兴网络平台被看成是一系列需要员工记住和掌握、以证明他们工作能力的品牌工具。这种看法完全符合企业同时向公、私两个领域渗透的逻辑，正如“顾问”专家被聘来解释和应对新媒体的发展趋势。新方案的出现是为了恢复品牌关联性，改善与青年人的关系。受访者的评论中也经常提到这些方案，他们为了维护职业信誉，试图与这些观念保持距离。作为一名从事艺术工作的合同工，萨姆表达了“对Y一代这个概念和相关的一切东西的强烈反感”，尤其是当这涉及“对青年人和科技的拜物教化”。然而，当萨姆2008年得到一份为艺术节项目开发线上内容的工作之时，她面临一次挑战。她断然拒绝了Web2.0技术会吸引自己同龄人的假设，并且在这样做的过程中，她发现有必要远离这种恰恰帮她获得了工作机会的陈词滥调。

对萨姆来说，为青年人举办线上节庆的想法“真的很让人厌恶”，这是该机构利用新媒体来宣传自己具有创新性的一个例子，“它实际上只是重复了很多以前早就做过的东西”：

> 刚开始的时候，我心里有点不屑……真的不想干。但后来，我提出了自己的想法，如果那是我的活儿，我愿意怎么做。这就是我向他提出的建议，后来他

[13] Flickr是以图片、视频为特色的社交媒体，目前仍有一定的市场份额。Bebo是英国社交网站，以学生用户为主要目标人群，现已退出竞争。——译注

接受了。

启动这项工作的时候，萨姆的担忧主要在于巨大的政府防火墙阻碍了她使用一些基本的网络资源，她与联系人沟通要用到这些资源。在这种情况下，颇具讽刺意味的事情是“我被聘用来为艺术节建立一个负责网络文化和新媒体之类事务的分支机构，我却不能大量访问这些资源”。艺术节追求的公共形象（与社交媒体的发展趋势保持同步）在实际应用中面临困难：

> 很多时候，我试图展开研究，需要使用的网站却无法访问。它们将以商业网站的形式出现，它们确实是商业网站，然而这是因为我要付费，让它们在这里发挥作用，你明白吗？

公共宣传和商业交易之间没有清晰的区分，挫败了萨姆真诚对待雇佣方计划的努力。她遇到的更大困难实际上是为了使该项目获得成功，必须接上她在国际艺术界的人脉关系。办公场所服务器的防火墙限制，阻碍了她对Skype的访问。要以高效的方式与海外艺术家联系，她不得不使用自己的家用网络，她的短期合同工作很难提供这样的网络服务。

艺术节对在线技术的热情拥抱以及主办方对年轻用户群的预设已经延伸到了招聘取向，而不是支持基础设施建设。艺术节本身似乎很容易受经济波动的影响，萨姆在这个时候只能对她的职位心存感激。但是，无法使用对她的职务有关键作用的网站和服务，使她更加被边缘化。艺术节希望利用新媒体平台的功能可见性，其中不乏虚伪之处。萨姆不得不动用自己的资源和时间来完成这份工作的主体部分，而艺术节的对外宣传声称它无可置疑地符合当代青年人的需求。在这个案例中，代际划分的刻板印象是“创意产业”工作的基础和制约因素，这些产业试图以最肤浅的方式去利用时代潮流。

大学对社交媒体的战略性使用也存在问题，他们率先围绕着年轻人偏爱线上联系这一假设开发了新项目。在本研究进行期间，学校的营销资源主要用来建立与学生、校友的更紧密的联系，尤其是通过Facebook等网站。“弹性”授课单元和在线教程，就是为满足“数字土著”——Y一代学生的需求而推出的措施之一。校方与企业签订的合作协议确保了品牌软件应用于教学，增加了教职人员的工作时间，随着每一次新软件的发布，他们都要在业余时间更新自己的技能。保持永远在线的“黑板”软件（本书撰写期间最成功的软件包之一）在常规工作的层面制造了一种高度的责任感，要在一周的任何时间都与班级保持联系。对教育学副教授托尼这样有经验的教师来说，黑板软件是一个让人不太愉快的发明。他认为，与传统的课堂互动相比，这种软件是“一天中持续不断的干扰之一……因为大家几乎都想得到即时回复，你必须不断查收信息”。与学生保持间歇性的接触、定期查看信息，这些活动把教学时间延伸到了教室之外，甚至是校园外，而工作量的计算却没有任何变化。

线上品牌塑造也以其他方式在大学里开展。我在悉尼大学工作的头几个月，同事们围绕着是不是应该在Facebook上跟学生“加好友”展开了热烈讨论。作为辩论的决议之一，我在Facebook上受邀成为我自己的办公场所的“粉丝”，这样就可以被添加为页面管理员，以便向公众宣传我们每两周举行一次的研讨会。我所在的系在开设Facebook主页之前，已经有一个作为内部公告的电子邮件列表在运行，所有的员工和研究生都能收到。该系的网页上有新闻板块，可以张贴研讨会的广告，网站上还有博客链接，新成员在获得访问权限和操作方法后可以更新博客日志。系里的研讨会也通过一个对外的“公共”邮件列表进行宣传，发给本系指定的“好友”，并在整个学校和教师群体中更大范围地发布。每个学期，研讨会的纸质版海报会印刷出来，寄给周边高校的演讲嘉宾，并邀请其他人参加。很难完全弄清楚通过现有的传播网络，有兴趣参加我们研讨会的人是否会错过这些讯息。但这种情况说明了这一问题对大型机构的重要程度，它们通过不断变化的技术模式，持续传播着相同的信息。不仅是消息成倍增加，也加重了信息疲劳，这在电子邮件的应用中已经十分明显（见第 4 章）。每一次消息传输模式的改变，都需要新型的话语和专门的技能。[14]无论如何，我本人

[14] 感谢凯瑟琳・德里斯克尔对本章的反馈意见以及由此产生的合作（德里斯克尔和格雷格，即将出版）。

对于把Facebook用于工作目的有一种矛盾心理，这是在听到本章记录的经历以后的直接结果，劳动者在他们各自的办公室工作背景下，被要求进行数量激增的额外劳动。学者在社交网络平台上为工作事务打广告，因为在她的想象中，自己的工作跟别人不一样，这种自负正是新经济通过故意混淆友谊和劳动来挖掘隐藏的利润的操作前提。学者们“仍然很难接受他们的职场”是国际白领市场里上演的新版“知识资本主义”的典型（罗斯，2009：214）。

对于本研究中业务范围涉及定期与公众交流的大型机构而言，在许多地方被称作“公众参与的革命”的东西，表现出完全不同的一面。Web2.0 技术实际上等同于一系列额外的工作要求。在原本已经很繁重的邮件负担之外，员工还要参加轮训课程，学习如何使用员工维基、数字内容传输服务和线上数据处理软件，并做出自己的贡献。无论是致力于工作博客，回复即时信息，还是为公司搬运Twitter简讯，劳动者都在所谓公开、公平和透明的名义下，越发地被胁迫参与线上活动。随着这些平台越来越流行，它们的效率逻辑变得不容置疑，人们自由选择的机会变得愈加渺茫。

除现有的Web2.0 的短期炒作的影响外，这些变化还在工作动力和激励机制的层面对想在公共部门岗位工作的雇员提出了长期挑战。在这里谈到的案例中，机构的外部身份似乎注定要跟员工的内在职业道德以及恪守其最初承诺的价值观发生冲突。大学是受到了推广新技术的口号影响的众多公共机构中的一员，这种观念认为社交网络可以转化成新的社会关联性，与具有数字文化需求的一代新人建立联系。然而，机构在这样做的过程中会失去一些员工的信任，后者从未想象过自己会不得不接受那样的企业理念——把友谊共同体看作尚未开发的商机。

那些在线技术的行家为众多机构设计了利用社交网络平台时应遵循的原则，把网络平台视为提升品牌忠诚度的核心地带。与此同时，对于在全球金融危机的影响下努力保持职场领先地位的员工而言，同样的社交媒体也被当作解决这一时期职场问题的手段推销给他们。《Me2.0：个人品牌崛起E时代》一书的作者丹·斯柯伯尔，是主张建立个人品牌"作为不稳定时期的职业保障"的众多倡导者之一（勒维特，2009）。招聘专题的报刊插页鼓励员工为他们的公司落实社交媒体战略，在竞争激烈的时代证明自身价值。然而，随着经济衰退在许多国家已成定局，以及澳大利亚的劳动者对保住现有的工作心存感激，这种乐观的建议只会显得有些勉强。当每个人都进行类似表演的时候，即使是独特的东西也会变得没什么区别。"自我品牌化"从来都不是为大众设计的，更不用说在这样一个时代，每个中等阶层的知识劳工都在竞争越来越少的工作岗位。

在社交媒体繁荣的浪潮中，一个绝大多数是白人男性的、以美国为依据的评论界，很难区分企业家的商业要求与他们的言论正在影响的截然不同的环境。为企业总裁和大型媒体企业设计的强力话术，对数量庞大得多的劳动者来说格外空洞，后者的任务是为了他人利益去贯彻执行"参与原则”。到了这个十年的尾声，泛在技术[15]已经脱离电脑专家的特权之手成为主流，对各地从事信息工作的中等级别员工的工作量产生了影响。贯彻新的“融合文化”的劳动者可能要忍受过渡期，因为对特定网络平台的热情暂时延缓了对劳动回报的要求。新媒体平台的参与精神或许符合公共事业领域的机构所需的服务伦理，但这样做的代价是牺牲了那些为信息生产者与消费者之间的沟通交流提供便利的普通劳动者。

维吉尼亚·赫弗南是一名有调查许可证的记者，为《纽约杂志》撰写了文章《让他们玩Twitter》，通过全天追踪Twitter来了解用户情绪。“我不想被约束。”她引用的一个消息源如是说，“我希望自己很有钱，有私人助理。”赫弗南对此补充道：“没错。很有可能，这些助理可以帮我们处理Twitter事务。”这类关于生活方式的报道被驯化社交媒体的目标深深吸引，赫弗南的文章是其中较为敏锐的一篇。她的报道描述了人与人的差异，有些人可以让自己的Twitter保持稀奇古怪的神侃，而另一些人则把这个平台变成工作的一部分。随着网络工作成为知识产业中企业融资和发展的关键点，对那些适应网络平台的劳动者（尤其是年轻人）以及具备数字素养和公关性格、试图发展咨询服务的早期应用者来说，新的工作机会出现了。而其他人在适应这些变化的时候面临更大的困难，他们的角色被迫转变为外部导向，以便吸引公众。

[15] 泛在技术（ambient technologies）是指互联网突破时间、地点等因素限制，实现无所不在的连通。——译注

假粉丝、Twitter机器人、伪草根营销和品牌分析器，是通过网络途径获得蓬勃发展的友谊和社群形式的反面。这些趋势中最糟糕的部分是网络专家们试图估算友谊的金钱价值，并且真的在量化在线社交网络的价值。[16]如果员工们别无选择，只能把通信技术当成工作的一部分，如果信息工作不可避免地要跟客户、雇佣方和同事在线上“亲密接触”，那么我们从本章得到的经验是：那些能够继续进行空间划分，与工作事务的商业法则相区别的网络平台将来注定会得到回报。当劳动者的工作需要一个公开身份的时候，可以设定访问权限的可见性选项、个人页面、音量设置和“假粉丝去除器”，给那些试图保持真实线上友谊的劳动者提供了临时和个人化的解决方案。这些友谊的外在表现以及对亲密关系的秘密调节，正在召唤出何种类型的社群？或许，它们相互之间没有明显区别。然而在一个网络社交媒体时代，应当记住的一点是我们现在需要做大量的工作，确保友谊在如此之多的外部利益集团驱使下努力存活下来，他们想把我们的关系“工具化”，获取最不道德的利益。

---

[16] 在这些讨论的高潮中，博客作者夏琳·李的思考是：“缺乏的是以此为基础（我在自己的影响范围内有怎样的价值）的市场价值评估。”这句话是紧跟着以下引人注目的结论出现的，“在未来，社交网络会像空气一样。它们会在我们需要和想要去的任何地方、所有地方出现……如果我们相互关联的生活中没有这样的社交环境，我们就不能真正感觉到自己是真实存在的和有活力的；就像没有足够的空气，我们就不能真正深呼吸一样”。http://blogs.forrester.com/charleneli/2008/03/ the-future-of-s.html.

第3部分

在网络家庭中寻找爱

第 7 章

家庭办公室和远程父母：线上家庭的家庭动力[1]

我不工作的时候，喜欢关上这儿的门。因为它看上去就像是对工作的提醒，给人的感觉是工作闯进了家里。我觉得，家已经不再是它应该成为的避风港，这是不好的一面。

——温蒂，电视执行制作人

本书前两个部分描述了一系列结构性的变化，它们促使员工愿意用新媒体技术保持工作联系。在第一部分，这些因素包括：通过广告文案推动移动生活方式的审美化，“弹性”在管理话语中占据支配地位，以及没有明确的职场政策

[1] 家庭动力（学）是心理学术语，主要涉及家庭成员构成、成员的角色关系、互动模式、影响互动的因素等问题。——译注

来指导电子邮件通信的恰当回复时间。第二部分表明，随着就业市场越来越受到全球金融危机的影响，Web2.0 平台在白领就业环境中总体上迎来了一个吸引用户的关键的转折点。在线社交网络成为人们应对不稳定的就业环境，在紧张且往往彼此孤立的职场中寻找慰藉的手段之一。这些不同的影响叠加在一起，加剧了中产阶级员工固有的通过工作来寻求价值和意义的倾向（爱德华兹和瓦吉克曼，2005）。

本书第三部分把“工作亲密感”这个概念提升到了另一个层次，提出一个更大胆的论断：除了管理、技术或更广泛的经济上的影响，员工自身似乎越来越愿意在办公室时间以外劳动，这往往会对其他亲密关系造成损害。除导致信息工作中过度劳动的外部因素外，最难解释的是员工愿意延长工作日的内在动机。在整个研究过程中，我们都能从上一章的项目干事塔尼娅这样的劳动者那里听到类似的自述，她正在努力跟上工作节奏。就像她解释的那样，“我想我也可以说：看，我就是搞不定它。我的意思是总有这样选择的权利。我觉得可能原因在我自己，我想把事情做好”。

我们将在这一部分频繁听到的理由之一就是要妥善完成工作，尽管完成工作的时间概念似乎是自己设定的。劳动者表现出把完成工作的重要性置于其他时间需求之上，尤其是当工作职责超出最初的预期之时。以下章节把讨论重点转移到了家庭，以便了解工作相关的技术是如何跟爱与家庭的快乐、需求相互竞争，以及在两者的竞争中，为何工作往往成为最后的胜利者。

给工作腾地方

人们对新媒体技术的主要期待之一是它可能会解决“父亲缺位”的问题，这些家长的工作阻碍了他们享受陪伴孩子成长的体验与乐趣。今天的职业要求同时影响着父母双方，尽管技术手段允许他们待在家里，但很多人的经历可以证实：即使他们表面上离开办公室，仍然在进行工作上的联系。米兰达是本研究的受访者之一，她描述了当丈夫在餐桌上使用笔记本电脑的时候，她的沮丧心情：

> 从家庭关系角度看，我唯一觉得有问题的时候，就是我丈夫把笔记本电脑放在餐桌上，他过去这样干过，我气坏了……我扬起眉毛制止了他。但他时不时地会这么干。

米兰达的丈夫是一所公立学校的副校长，这意味着“他有时需要随叫随到”。在餐桌上查收邮件是他在“工作压力有点大的时候”时常会做的事。而米兰达的态度是质问：“20 分钟能干什么？除非死人了。就算他们死了，20 分钟也没什么用。”在这种情况下，米兰达的女儿就会在吃饭的时候跟她母亲聊天，因为父亲显得“毫无反应”，米兰达则“态度强硬，要他把笔记本电脑收起来”。

当我们深入研究这些家庭，会发现一个反复出现的现象：人们对办公地点的选择存在性别差异。女性通常更愿意在与其他家庭成员共处的区域内使用技术设备。正如米兰达解释的，“这张餐桌，就像是家庭的中心”。当女儿在餐桌上做作业的时候，米兰达会在厨房做晚饭，“然后我就会到这儿来，坐在笔记本电脑前面，我可以工作、发邮件，做任何我要做的事。她在那里也可以向我提问，寻求帮助”。图书馆负责人芭芭拉也在餐桌工作，这种习惯很早就养成了：

> 我想很多人都用餐桌或厨房的桌子来学习，当然，我在家里学习的时候……厨房的桌子也是孩子们待的地方。我在楼上的桌子前面有种奇怪的不舒服的感觉。我的意思是，那不是我的工作区域。

相比之下，男人们通常有专用的办公室，远离房子的其他区域。米兰达的丈夫把他的书房“当作逃避之所”，“尤其是当他知道有家务要做的时候”。克莱夫也把他的办公地点限定在一个“与房子的其他部分稍稍隔开的房间”。克莱夫的十多岁的孩子在自己房间里，甚至在床上使用笔记本电脑，这使他感到困惑，“如果我这么做，玛乔丽就会跟我离婚”。克莱夫只在桌上使用电脑。因此，上网必然会把他和家庭成员分开。与克莱夫的宽敞、独立的书房不同，玛乔丽在他们的卧室里放了一张桌子和一台电脑。房子里总共有 4 台电脑，无线宽带允许他们同时上网，所以在技术上基本不会发生冲突。[2]

克莱夫说自己待在家里的时候，对技术的使用“几乎是一种爱好”。在这种轻松的环境下，工作与休闲的界限变得模糊，他感觉更舒服：“如果我在这里发邮件，然后悄悄溜到Facebook上做一个关于书的小测验或其他什么事——我想某种程度上，在这儿比在上班的时候更能享受科技的乐趣。”无线网络使工作事务的开展变得容易，同时也加入了娱乐成分。“我觉得，我们都有点习惯于在不同的时间段工作。”克莱夫谈道，“我认为这是很奇特的一个部分。当你在家里的时候，有点像是在制作铁路模型或者变成了过去的集邮爱好者，诸如此类。”不好的一面是与分散在房子各处的家庭成员的身体隔离感，我们同样会在本章后面提到的其他劳动者身上看到这一点。

克莱夫的经历是比较愉快的居家办公的案例之一。这在一定程度上是因为他的孩子年龄更大以及他在机构中的职位相对较高。相比之下，本书中的其他许多家长则努力在办公室时间内完成工作，因为他们的孩子需要更多的家庭互动。以塔尼娅为例，她的非全日制身份意味着可以下午 3 点左右结束在图书馆的日常工作，在回家的路上接孩子。这种

[2] 有了这种和谐的家庭网络设置，富裕家庭只需购买更多电脑就能避免上网冲突，这与同时期向澳大利亚人推销家庭宽带服务的广告文案相符，后者的口号是“我们都要上网，我们都能上网”。格雷格分析了这一广告和澳洲电信其他广告中包含的都市中心主义，以及类似于异性恋至上的假设（2010b）。

相对较短的上班时间符合学校的日程安排，有时候塔尼娅的孩子病了或者要送去见预约的医生，她就彻底待在家里。如果塔尼亚觉得自己的工作落在了后头，她倾向于在家里写完报告或查收邮件，弹性工作是她养成这种习惯的背景。

> 我工作到下午两点半去接孩子，通常会有一个5点的交稿时间，所以我要在回家后做完一些工作。我并不是经常这样做，但时不时地需要写个报告。而这个时候，就要跟其他人争有限的空间。

塔尼娅承认："没有明确的要求让我这样做，我想这更多地取决于我自己。"她承认曾经和自己的伴侣讨论过在家里进行的额外劳动，"他觉得我不应该在没有报酬的情况下工作"。如果塔尼娅想在家庭办公室办公，而她的伴侣也需要上网的话，就会出现设备紧张的状况。塔尼娅认为，她的丈夫作为一位小企业主"非常有必要"保持在线："所以是的，有时候是有点为难。但是当我偶尔真的必须做点事情的时候，可能得把其他人赶走，而那样基本上就会让我丈夫推迟他的工作。"

塔尼娅开始意识到，要避免家里发生争用电脑的情况，最好的办法就是继续买，"我们也有一台笔记本电脑，但正在考虑再买一台，因为我女儿明年就要上高中了，她现在用得比较多"。虽然这台笔记本电脑应该由她丈夫使用，但孩子们已经接管了，"所以他现在考虑再买一台，因为他也要开始在外面使用电脑”。

无线宽带这一技术进步帮助这个家庭保持共同在线和互动。塔尼娅跟其他几位接受采访的在职妈妈一样，用无线网络保持线上联系，并继续参与家庭事务。塔尼娅把家里发生的动力结构转变形容为“一把双刃剑”。无线网络让她摆脱了书房的限制，转移到共享空间，但互动的质量似乎在这一过程中发生了变化：“你跟家人待在一起，但又不是那么回事。”

不完整的在场

本书中的许多家长跟塔尼娅一样，当他们通过线上联系陪伴家人的时候，有种不完整在场的感觉。正如她描述的，与他人的线上共享空间“有一种魔力让你可以看到某个人，觉得他们似乎就在身边，但实际上并非如此”。用她的话说，“它给人的感觉不错，表面上每个人的对外联系都更紧密了，但实际上并不是这样”。本书中的一位IT经理杰夫也提供了这种经验的另一版本。杰夫和他的妻子琳达（一位软件工程师）共同照料一个小家庭。杰夫和琳达是在网上认识的，上网是他们家的一大特色。琳达的工作经常需要把很多时间用在做项目上，有固定的截止时间，“我夫人会面临她的团队所说的代码冻结，他们有明确的截止时间，他们必须完成，无论具体在做什么。为了应付截止时间，她星期天可能会工作到凌晨3点”。杰夫把这种工作看成是在家里上网的负面影响之一，尽管这比坐出租车上班要好，因为“她可以在这里完成，然后直接上床休息”。在这种编程工作的狂热文化中，办公地点对琳达的工作时长几乎没什么影响。她的家人不能不意识到，尽管她就待在家里，这段时间却是她最不能被打扰的时候。

至于杰夫，他的工作本身就需要居家办公。他的IT职位意味着必须在工作日里优先处理紧急情况，而在大学的不同部门之间穿梭增加了工作的间歇时间。杰夫会定时离开办公桌，他的大部分邮件在上班的时候都无法回复——因为没时间。与其在办公室待到很晚，他宁愿在大多数晚上在家里回复邮件。

从表面上看，这种工作安排证明了科技带来的弹性优势，让杰夫可以自由地离开岗位并继续满足工作要求。实际上，杰夫在楼上的家庭办公室回复邮件的时候，跟家庭成员是分隔开的。正因为如此，他注意到：

> 我的孩子们已经有点习惯了，当他们知道我在干活儿，就不会真的靠近我。然而问题在于，真正让我担心的是：电视和网络在我们家差不多已经成了娱乐和互动的主要方式。

一个具体事例反映了杰夫的困境：

> 我的 3 岁和 7 岁的孩子花在电脑交流上的时间可能比我们两人还多。每天都这样。这很可怕，因为我 3 岁的孩子要跟一些儿童网站互动。电脑会跟你说话、唱歌，当孩子说你好的时候，电脑也说你好，所以她实际上是在跟电脑交流；就好像她觉得那是真的一样……所以我的确很担心，因为她一直在那儿做这件事。我很愿意改变这一切，但我不得不去做自己的工作。我不喜欢这样，但事实就是如此……他们很喜欢玩游戏，然而可能得控制一下了。我们该怎么做呢？我们也很累，我们自己就需要放松休息……有时候真的很累。

杰夫对家庭生活的描述，弥漫着某种程度的疲惫感。他真的很担心自己能给孩子们多少关注，在辛苦了一整天以后，很难有精力去陪伴他们。这里引人注目的是，孩子们使用网络技术设备的时间总量跟父母的工作安排有明显的关联。这种情况也出现在其他受访者身上。

唐娜在图书馆是负责管理固定资产的项目协调员。她的工作需要跟多个利益关联方谈判，包括图书馆管理层、外聘顾问和被雇来建设基础设施的建筑承包商。我们第一次会面的时候，唐娜的工作安排十分忙碌，因为图书馆经过大翻修和升级改造以后，仍在解决重新开馆的问题。她告诉我们，她是该机构里“手机费最高的人”。这期间，她最多的时候每周要在家里加班 3 个晚上，她会“随处”工作：

> 如果有文件要看，我可能会坐到餐桌前。如果只是回复邮件、整理日志、安排会面之类的事，我通常会坐在沙发上完成，一边看电视、跟女儿聊天，或者做点其他什么。有时候，我该睡觉又睡不着的时候，就坐在床上干点活儿。

唐娜试图限制自己在家里的工作量，“但是，如果这能让我第二天的上班生活更轻松的话，就值得这么做”。这一表态反映了问题的关键所在——为什么本研究中的许多人都表示要进行额外的居家劳动，但也巧妙地掩盖了可能受这种个人选择影响的其他人际关系。

唐娜描述了她回家后调整状态有多难，我们从她的描述方式可以窥见她工作日的劳动强度，“我花了大概一个小时，试图让自己明白——我现在回家了。我的工作仍然在脑海里打转”。当她居家办公的时候，减少了两者之间的过渡，“我没有把全过程走一遍，是的，下班回家，累坏了，走了一段路程……现在要更舒缓一些”。有些东西可以让下班回家后的调整变得更容易，“我会喝一杯酒，坐在沙发上，盯着墙壁发呆。我开着电视，但实际上没看”。

在采访过程中，唐娜说她的女儿蔻伊在电脑上花了很多时间。有一次，“她在假期里有好几天一直跟朋友在网上聊天，而且当我们去北昆士兰的时候，她想去见他们。她想跟他们待在一起！从未见过面，就把他们当朋友”。唐娜觉得蔻伊看起来抑郁且孤僻，就带她去见一位心理咨询师，试图解决这些问题。咨询师把这诊断为网瘾，据她估计，“看过的孩子里面，90%都有网瘾”。本研究的许多受访者进行了自我诊断，说自己沉迷于电子邮件和其他网络平台，从他们一系列的评论来看，这一现象可能有重大意义。当网瘾影响成年人以及跟工作相关的时候，它是个问题吗？如果是，其原因何在？

我们跟唐娜第二次见面的时候，她的工作量明显减少了，她的郁闷显然有其他原因。在休假一段时间以后，面对不那么繁忙的工作，唐娜开始反思自己为了在工作上保持领先所作的牺牲。她说：“我觉得，在我女儿上十一年级、十二年级的时候[3]，我原本应该花更多的时间陪伴她。”“但是现在太迟了，她已经结束十二年级，她自己也在工作，时间上跟我差不多。”唐娜接着说：

> 我想，那个时候，她真的应该得到更多支持……因为我们也只是一个小家庭。但是我丈夫经常上夜班，每周工作很长时间，通常每天 12 到 14 个小时，有时候一周 7 天都在上班。所以他并不会留意，因为他也不在家。

唐娜承认，当她更忙碌的时候，“我从来没有在家里等她放学或做类似的事。就好像，当我应当更多为她考虑的时

[3] 十二年级相当于中国的高三。——译注

候，头脑里有其他的压力。她那时也有一些个人问题，我本应该更多地关心她”。唐娜在这里透露：“她有3个朋友在十二年级的最后半年自杀了。是的……而且互不相关……是，就是那种情况……我本应该更多地陪伴她。”在我们第一次会面的时候，或许因为重点是谈工作以及我们访谈问题的具体内容，并没有提到见心理咨询师和诊断的相关细节。现在，唐娜很庆幸蔻伊找到了工作和男朋友，总体上看起来“调整得很好”。

当唐娜和杰夫说要“量力而行”地养育孩子的时候，他们有着相似的痛苦。她承认自己喜欢一直在做的工作，即使当女儿遇到困难的时候，“所以这有点像自作自受”。在这次访问中，这种表达显得更为酸楚，因为唐娜正怀着另一个孩子。虽然她依旧热爱自己的工作，但她声称：“我最近在保持平衡方面好多了，我再也不会回到从前。我懂了。”

在家庭成员增加的情况下工作？

无论唐娜是否成功建立了新的工作机制，我们都可以通过她的故事来进一步了解广泛存在的工作亲密感的现象。她承认，先前工作时间过长的一个关键因素就是她与同事结成的纽带：

> 跟我一起工作的另一个人充满热情，是个工作

狂，你知道吗，她没有伴侣，没有孩子……孤身一人，是个事业心极强的人，工作非常出色。我们一起克服了各种困难。

我现在不再跟她一起工作。我们关系仍然很好，仍然会聊很多……我对她永远有一份爱和尊重。

尽管与此前说的话截然相反，唐娜也承认“如果我必须跟她再次合作，我可能最后也会做相同的选择”。这些矛盾之处值得注意，它们突显了工作关系是如何制造出属于自己的亲密关系类型，与之相伴的好处是带来自我价值感和工作动力。用唐娜的话讲，“你很享受自己正在做的事情，你在肾上腺素的驱使下运转”。这份工作给她带来了一种在家里很难获得的稳定的存在感和成就感，尤其是当她的伴侣经常不在家的情况下。在描述她的新岗位之时，唐娜的语调带有那种一段重要关系行将结束时的哀伤色彩：“有一段时间，几个星期的一段周期，我只想搞清楚我该做什么，电话摆在那里一直都没响，而我也没有参与进去。”我们还可以注意到她意识到这一点时的情感流露，“即使在这个新的建筑项目里，我可以向某人汇报工作，也没有人真正关心我的情况”。

跟本书的许多受访者一样，工作对唐娜来说是一种可以跟家庭生活媲美的满足感的来源。工作在日常事务中具有优先地位，以至于其他关系有时会被忽略。虽然这对机构中职位较高的人来说可能是意料之中的事，但它也影响了一批权力相对较小的行政人员。唐娜所在图书馆的负责人芭芭拉说，在我们采访的前一周，她的儿子被送进了医院，而她还不知道：

> 我正准备回家，特蕾思说：“哈里在医院里。”我说：“什么？”她回答：“我以为你知道……”她显然说过他打了电话之类的事以及正要上医院，他得了急性阑尾炎（原文如此）。所以，我有时候会轻率对待我的家人，他们确实是最后才被考虑到的。

芭芭拉把她的一时疏忽归结为这样一个事实：在她职业生涯的这个阶段，她的孩子都长大了，考虑到他们的年龄，她倾向于在他们身上花更少的时间。对处于这个周期另一端的劳动者来说，生孩子的决定是与履行工作职责密切相关的问题，需要慎重考虑。

苏珊怀上双胞胎的时候，觉得这是花钱安装无线宽带的好时机。作为一所规模较小的大学的院系负责人，苏珊在机构中承担了很多责任，并且已经预料到休产假会给同事带来麻烦。事实证明，在她休产假的时候，她工作的部门每天都要联系她，问这样那样的问题。苏珊愿意在休产假的时候投入工作，这是令人钦佩的，表明了她对这份工作的奉献，但也说明她的雇佣方没有足够的人员配备和预案程序。苏珊意识到当她不在的时候，周围没有人向她的替代者解释各种工作细节。然而，她自己的行为助长了这些缺陷在今后继续存在。

双胞胎出生的时候，苏珊已经开始依靠家里的网络来保持工作联系，她说：“我对这个有点强迫症。”可能大概每半小时，她就会查看一次电子邮件，“即使是在做饭的时候，我也会去看一下是否收到了新邮件。这样做好吗？这样做不好”。下班回家后，她会把笔记本电脑拿出来放在露台上，倒一杯酒，开始回复邮件，这样“既可以放松，又可以同时做点事情”。苏珊是个典型的一心多用的高手，我意识到这一点是某天晚上，她在开电话会议的时候，立刻回复了我的邮件。她经常一边看电视一边回邮件，甚至是在准备睡觉的时候。

苏珊决定每周在家待一天陪伴孩子，减少他们去托儿所的时间总量。她的解决方案与本书中其他选择非全日制工作的母亲有所不同：“有人说，为什么不把你的工作变成每周上 4 天班呢？我说，噢，反正无论如何，我一周都要干 5 天以上的活儿，所以为什么不去争取相应的报酬呢？”苏珊对花这一天陪伴孩子并没有感到不安，因为她知道后面会把工作时间弥补回来。待在家里的时候，她利用孩子们休息的时间做些基础性工作：“他们的童年时间有限，我不希望他们一直待在托儿所，我知道，那样我会错过见证所有小里程碑的实现。”[4]

[4] “小里程碑”指孩子发育成长过程中的各种宝贵的瞬间，如学会走路。——译注

苏珊的安排作为一项临时措施是有用的，尽管有孩子在身边的情况下居家办公，比她预想的要困难得多。我们第二次见面的时候，她意识到：

> 即使在今年上半年，也要更轻松些。他们白天睡两次，每次两小时，而现在变成了睡一次，不全是两小时。这个问题越来越严重，他们现在越来越需要我的照顾。

苏珊发现，当孩子们醒着的时候，她能做的为数不多的事情之一就是回复短邮件，“我有时候可以批改一些作业，在网上做一些搜索工作。任何需要全神贯注的事情，我都要等他们睡着以后才能做”。她提到一个例子——她试着让孩子们自己一起玩耍，“我跟他们一起坐在地板上，把乐高积木拿出来让他们玩。然而我一走开，他们就想跑过来。我什么都做不了。我发现这一点变得越来越明显。就好像我走开的时候，他们的意识增强了”。

苏珊把她目前的安排描述为一种“待定模式”：

> 我在做我的工作，我觉得干得不错，但没有发展到可以看到晋升机会的程度。如果未来一两年内想晋升，我也只会在能够超过100%投入的时候，才考虑这个问题。

苏珊认为她可能要“超过 100%的投入”，这反映了她对所在行业的全职员工需要的工作效率的一种判断，“我想大概到了明年年中，我不得不面对一个事实：如果我希望自己的事业持续进步的话，真的必须每天都待在这里”。

苏珊的想法让人担忧，反映了职业女性在信息行业中寻求事业成功所面临的抉择。是否要孩子的决定，与能否达到工作目标绩效的忧虑紧密相关，这种工作要求就像是对那些履行其他义务的员工的惩罚。苏珊曾直言不讳地说：

> 我认为生孩子对你的事业是有妨碍的。但这是你的选择，因为你想这样做。我注意到，我现在的工作能力跟两年前比截然不同。对我来说，周六早上起床花两三个小时做点工作并没有什么。到 10 点左右的时候，我可以说，我从 7 点就开始了，已经干了 3 个小时，现在这一天剩下的时间属于我自己。但现在，我没法这样，因为孩子们早上 6 点半就醒了，需要照顾。还有洗衣服和为人父母带给你的各种额外的责任。

苏珊的情况显然属于养育幼儿的范畴，由于夫妻俩都以事业为重，并且因工作需要出门在外，情况就变得更为严重。可以回想一下我们在第 5 章讨论过的，因追求白领工作而产生的社会流动性，在苏珊的案例中，搬家阻碍了与家族的定期联系。要满足日常需求，应当有一些额外的家族支持，但苏珊缺乏这种支持，这实际上让她部分丧失了她离乡去追寻的中产阶级生活方式的福利和休闲权利。苏珊的父母在孙儿们刚出生的时候去探望过她，正是这种来自亲情的持续不断的实际支持，可能会帮助她不断实现职业理想。但情况与此相反，她和丈夫主要靠自己来应对工作和家庭事务。

关闭通信

至于那些家里有大一点的孩子的受访者，他们一致的描述是在线技术加剧了家庭成员之间的封闭感。对弗兰克来说，移动的无障碍办公提高了他在办公室以外管理自己工作的能力，但对整个家庭而言，他发现网络连接的影响“远没有那么积极”：

> 大家确实倾向于坐在电脑前工作或是玩耍，做他们的家庭作业或学习之类的事情。所以环境可能是相当封闭的。我不知道这比看电视或读本书更封闭多少，它真的是一种完全不同类型的活动。

塔尼娅也想知道“对所有围坐在电视机前的家庭来说”，使用电脑有什么不同。在塔尼娅看来，实际上使用笔记本电脑感觉比看电视更活跃些。区别在于看电视的时候，你至少是“跟其他人一起娱乐”。

> 我的意思是，这种情况在我们家是真实存在的。前几天，我女儿走进来对我丈夫和儿子说："你们意识到了吗？你们整天都坐在电脑屏幕前面。"他们确实是这样，因为我丈夫的工作排得很满，然后是业余爱好，所有的eBay、YouTube……事实上，她只能过来说："我们要去骑车。骑上你的自行车！"她真的这样做了。她冲进来告诉他们，他们在屏幕前花了太多时间，等等一大堆话。

很显然，这个故事的有趣之处在于，女儿推翻了新媒体应用的默认假设，即把孩子视为家里的问题用户，人们对年轻、敏感的互联网用户有很大的担忧，上述假设就是其中之一。本书中一些家长采取的策略的意图明显在于限制孩子使用电脑。另一位学者彼得出于这个考虑，拒绝在家里安装宽带。然而，更为普遍的事实却是孩子们在努力吸引疲惫而忙碌的父母的注意力，后者回家后仍然在使用自己的电脑。

不管家长们自己的行为如何，他们都认为使用电脑导致的注意力分散，与家庭成员之间更宝贵的互动模式的消亡存在某种形式的关联。就像唐娜解释的那样：

> 我们很少说话，都在电脑前做自己的事，我们都认为自己在与他人交流，但所做的只是在电脑上打点字而已。我们之间互动性不强，我觉得……并不活跃。尽管我们可能会在周围踢踢球，在后院逗逗狗，

做诸如此类的事情。

这种情况在唐娜家里已经很难改变，“除非我们离开——‘是的，不许使用电脑！’我有时会这么做，当我真的很生气的时候。把电脑的电源线拔掉几天。这让房子里的每个人都不舒服，但这样做多少有些好处”。

克莱夫也注意到了类似的习惯：

> 通常是晚上，在吃晚饭之类的事情做完以后，我们都回自己的房间上网，而不是坐下来聊天或者做其他我们本来会做的事。如果我在楼上，汤姆在楼下，我们都在线上，或者玛乔丽也在线上，我可以给他们发消息，这在某种程度上有点古怪。这是另一种交流方式。所以，情况发生了变化。我们使用的是房子的物理空间而非生活空间。

就像电子邮件通信取代了克莱夫在办公场所的走廊聊天一样，他的家庭“花了更少的时间在相互交流上”，“我们是分离的”。想进行交谈意味着如果不发邮件，就要在独立的房间之间走动，这不可避免地减少了自发的互动。

有很多途径可以理解本章讨论的家庭动力变化。在某种程度上，家庭空间似乎是对职场内广泛出现的生产力和生产效率的规训体制的必要补充（麦肯基，2008）。这种变化也发生在更大的文化趋势中——试图把个人生活和家庭领域作为履行公民义务的主要场所（海伊，2006；吉普尼斯，2003；勃兰特，1997）。事实上，在如今很多人的居家环境中，建立家庭办公室已成为建筑设计上的一种常见做法，它尊崇以职业为中心、有责任感的公民观念，人们觉得它实现了个人成功与事业成功的完美结合。家庭是劳动身份在个人和代际意义上得以生产和再生产的地方。由于孩子们是在以工作为中心的家庭里长大的，他们接受的教育的一部分即是见证劳动制度，后者对于他们掌握自己作为中产阶级职员的命运是必不可少的。中产阶级的孩子从小就适应了白领的生活习惯，他们学到的经验是：家一直都是工作场所。这种把家庭办公室看成是合理要求的主流选择表明：越来越多的人认为，私人领域目前承载了大众的某些功利主义考虑。克莱夫是本书中注意到了这种转变的潜在后果的受访者之一。他认为，居家办公的"积极的一面也就是消极的一面"，"它对人际关系有哪些影响，对互动与对话有哪些影响？这真的意味着当我回家以后，工作原子化的现实变成了家庭原子化的现实吗？"

本章中的劳动者进行了批判性的自我反思，提供了他们自己的解释。对杰夫和唐娜来说，一种强烈的伤感似乎伴随着对家的想念，以及对它失去的亲密机会的想念（如果不是自相矛盾的话）。他们看上去都无力改变这种局面，自愿服从严苛的工作要求。苏珊的思考凸显出，事业型女性在那些对女性生孩子明显不太友好的行业里面临的困境。她的经历和明显的愤世嫉俗，让我们不禁要问：这些职场设想的究竟是怎样的世界，让他们的员工认为拥有家庭是一种破坏性的风险。在以上每一个案例中，居家生活的唯一事实都是：它已经不再是远离办公室监督和影响的避风港了。虽然家长们有很多良好的愿望，他们对于自己工作以外的人际关系所能给予的关注度，受到了吸引注意力的技术设备的不可逆转的影响。事实上在很多情况下，在线设备本身似乎就像孩子一样难以满足和不可抗拒。与此同时，劳动者的下一代也逐渐习惯了用同样的设备自娱自乐。尽管这些变化的长期影响还没显现出来，我们已经可以肯定地说，线上联系在当下对家庭满足感的宝贵观念构成了挑战。正如克莱夫总结的："它反应如此迅速，充满视觉刺激。你怎么会把它换成脆玉米片呢？"

第 8 章

长时间，高带宽：解决家庭生活与通勤距离的矛盾

你并没有像出去跟人喝咖啡那样真正见到别人，你明白我的意思吗？

——帕梅拉，图书馆员

上一章对家庭动力的调查分析，与本书观察到的另一种现象联系起来显得更加有趣。这些努力挤出时间在家里陪伴孩子的父母，当我们访问他们的办公场所的时候，经常可以看到家庭照片作为装饰品出现在办公室格子间以及办公桌上。在电脑屏保里添加幼儿的假日照片让人感到心酸，正是这些电脑设备使他们不能花更多时间跟孩子们在一起。这些情感的见证物是亲密关系具有远程属性的标志，也体现了科技在模糊虚拟与实存的边界方面所起的作用。这里的家庭之

爱，是在孩子们很少会去的办公场所内得到体现的。设置这些照片看上去是为了给员工们提供慰藉，抑或是在提醒劳动者自己，无论工作世界有怎样的吸引力，他们真正的奉献对象都要在别的地方才能找到。

本章从家庭生活不断变化的动力结构出发，进一步深入亲密关系这一领域，展示爱、浪漫和友谊在网络技术融合的条件下，以及专业化职场的漫长工作时间中是如何重新配置的。访谈分享的经历凸显出在工作时间延长的情况下维持人际关系的复杂之处。第 2 章已经列举了一些利用通信设备获得的关怀接触[1]的机会。理查德的工作安排让他有更多的时间在家里陪伴妻子，一定程度上改善了他在国际新闻工作生涯中出现的孤独与分离。与此同时，莉莎早上跟孩子的视频通话展示了如何在工作日进程中转接家庭生活，以适应家长的日程安排。本章进一步探讨了这些思路，解释当泛在技术允许整个工作日里有越来越多陪伴的时候，办公室和家庭空间是如何被改造和呈现的。

时事评论员和市场营销部门是“全职亲密社区”（伊藤，2007）的倡导者之一，他们用这一术语来描述在朋友中间被挑选出来、定期见证彼此的线上微广播的群体。这种实践能够达到什么程度，要取决于年龄、性别、文化等因素（赫佐斯，2009）以及技术基础设施（格雷格，2010b）。在

[1] 关怀接触（caring contact）是指向他人发出关心的讯息，倾听对方讲述，缓解其精神压力等行为。——译注

本书的语境中，微广播可以看成是那些有大量工作任务需要用键盘来完成的职业的补充特征。人们为了满足办公时间的需求，缺乏与所爱之人共享的物理时间，社交媒体上的状态更新成为一种令人愉快的补偿。与此同时，本章其他案例表明，从早到晚不停地发邮件可以帮劳动者找到被重视和参与之感，这在他们的对外工作联系中可能不太明显。在这些案例中，与工作有关的交流成为人们投身工作、激发兴趣以及最终获得满足感的原因之一，有时候甚至可以跟家庭生活的乐趣相媲美。

接下来的故事有力地证明了通信技术所导致的工作文化变迁。它们促使我们追问：如果说爱情的浪漫主义观念中往往包含与他人共度时光的愿望，那么，我们能否把本书中劳动者持续不断的联络行为看成是一种未被承认的亲密关系？如果员工经常声称“爱”自己的工作，爱在这个表达中的含义是什么，我们应该在多大程度上把它看成是影响员工为公司服务的时间总量的基本因素之一？

爱的语言

爱的经典定义把所爱之人视为生活中“唯一重要的东西”，相比之下，“其他一切都显得微不足道”（阿姆斯特朗，2003：3）。约翰·阿姆斯特朗的“亲密哲学”指出，伴随“浪漫愿景”而来的渴望与狂喜的混合体，引发了“接触到一切价值的源泉之感”（同上）。本书中相当多的受访者在谈论工作的时候使用了与这些信条十分相似的语言。想要独自工作、排除其他一切干扰的愿望，在很多情况下无疑是用生产力和生产效率的语言来表达的。然而，正如上一章的证据显示的，花在工作事务上的时间经常会跟其他实践构成竞争，或者以牺牲后者为代价。往往很少有时间用于家庭活动或休闲活动，我们很可能一开始就认为这些活动是影响效率提升的首要因素。克莱夫和杰夫都对使用电脑带来的家庭关系变化表示了失望，尽管正是由于他们的偏好——在与家人分隔的办公室里工作，造成了这种隔绝状态。与此同时，唐娜表现出了被一位同事吸引和迷住的迹象，这位同事的事业成功是一种充满诱惑和感染力的肾上腺素刺激。苏珊也很珍惜她的双胞胎儿子睡着以后的时间，这样她就可以集中精力，扎实工作。

总的来说，对本书研究的在职妈妈而言，通过科技手段与工作亲密接触相当于一种解脱，暂时摆脱了其他家庭成员的要求，可以找补因其他目的花掉的时间。从这个意义上讲，工作亲密感意味着会有完成工作任务所需的独处。人们需要培养自己的习惯和性情，适应一天中最有可能独自工作的那些时刻，她们正是在这一过程中获得了满足感。熟悉女性主义媒介研究传统的读者可能会发现，这些职业女性表现出来的想要独处的愿望，跟许多著作描述的休闲类型有某种协同效应，例如珍妮丝·拉德威的《读罗曼史》（1984）和多萝西·霍布森的肥皂剧研究（1982）。这些学者展示了女性粉丝是如何在家庭环境中表现自我，她们享受阅读消费型叙事作品的乐趣，把时间用于休闲娱乐和逃避现实。相比之下，本书研究的职业女性则会争取时间用于有报酬的事业，即使雇佣方像前几章描述的那样，很少对她们的工作量感到满意。这些女性对浪漫虚构不太感兴趣，因为真正的浪漫和冒险可以在工作中找到。后女性主义职场人士的终极浪漫似乎是渴望“拥有一切”（麦克罗比，2009）。对那些没有家庭办公室——“一间自己的房间”（伍尔夫，1929）[2]的人来说，在办公空间这一问题上值得注意的是本书提到的性别差异，似乎在家庭办公室的应用中，男性比女性更容易获得独处的空间。这些空间实践往往更多地表明了家庭亲密关系的动力结构的变化，以及更广泛的对女性职业理想的社会态度，而不只是访谈材料汇编，这些材料反而显示出女性劳动者是如何制定策略来驾驭家庭的“狭小空间”（莫里斯，1996）。

有些劳动者显然是在重要的亲密关系缺失的情况下从事这种高强度工作的。工作要求（或者对学生而言，多个工作要求）可以弥补一切可能有的缺失。然而在其他许多案例中，工作创造了一种参与形式和组织体系，无视家庭应当提供的东西，也不考虑与合作伙伴的关系。这一点在乔治娅这

[2] 英国女作家弗吉尼亚·伍尔夫在《一间自己的房间》一文中描述了女性从事文化工作的困难：“女人要写小说，必须得有点钱，还要有一间自己的房间。”——译注

样的劳动者身上表现得十分明显，她是图书馆理事会的高层，偶尔会在芭芭拉不在的情况下代行负责人之职。乔治娅有时试图用技术手段掩饰她的工作量，并且不让别人知道她是否在线。在家里工作的时候，她会让自己的笔记本电脑处于离线状态，这是一种策略，“这样我就可以处理电子邮件之类的事务，然后在上班的时候发邮件或保持邮件的跨平台同步，这样人们就不知道我在周末工作，也不知道我工作的具体时间”。这种套路很难让本书中的其他类型劳动者上当，乔治娅在她服务的机构里实际上是一位大家都心知肚明的失眠症患者。事实上，正是由于对乔治娅的邮件的预期，使这家图书馆的其他雇员经常需要在清晨查收邮件。在这里，一名员工的工作习惯产生了连锁反应，她从充当该机构的核心人物中得到了快乐，加上她最近喜欢玩手机，给其他员工制造了更多麻烦，因为与工作缔结亲密关系可能不是一种大家都想要的愿景或愿望。

珍妮是图书馆的一名非全日制项目干事，也是一位在家里追踪邮件的劳动者，尽管她可以在有酬劳动时间内紧跟乔治娅这样的员工的工作习惯。我们可以回想一下，珍妮的“个人癖好”正是完成这项额外的劳动，以及用邮件来表明自己的职业精神。当这种行为失控的时候，她也为自己的癖好感到自责。珍妮解释说，当她周末花了太多时间在工作上的时候，她就会有这样的表现：

> 我经常觉得很内疚。我想：“瞧，我不该这么做，

不该花这么多时间。我说过只花10分钟。一定要控制住。”但是我又想，不，立即做完更安心一些，我在那儿做完它，然后就不用再回来了。

珍妮对无法掌控自己的工作感到不安，这表明与工作接触的那一刻，她发现它极其让人着迷：她失去了时间意识和判断力。这当然是浪漫主义意义上痴迷的另一种症状。珍妮需要特殊的策略来控制她与工作的关系。她把家里的网络连接限定在书房的台式电脑上，以免受到诱惑，“我想，如果到处都能搜到网络信号，我一定会去联网”。

珍妮承认：“我有时候会说，好吧，这个周末什么活儿也不干。”尤其是因为她知道自己的伴侣麦克“可能更希望我少上网”。但她也坚持说：“他并不真正理解或认同我在家里上网工作的想法和观念”，因为“他不能像我一样把工作带回家”。这对夫妇在是否需要在家进行线上工作这个问题上缺乏共鸣，这是他们关系中一道明显的裂痕。珍妮意识到（尽管这“让他听起来有点形象不佳”），她的伴侣在“橄榄球赛季开始以后”不太容易注意到她的工作习惯：

因为他会看一些橄榄球比赛，并没有注意到我消失了一个半小时。然而，当赛季结束以后，他的反应更多的是——“你在干吗，你在那里做什么？”我会说：“我只花10分钟查收邮件”，但是当我一个小时以后出现，他就会说：“你为什么要这么做，没必要。”

尽管珍妮在家里办公的时间比她的弹性上班时间（雇佣方计量的部分）更多，她仍然认为移动技术改善了她的家庭关系，因为她现在有更多时间跟自己的伴侣分享：

> 我坐在沙发上。麦克昨晚竟然发表评论说："你似乎还在工作，但至少你现在坐在这儿了。"我心想，不知道你为什么觉得那样更好——他在看电影而我在工作，但他似乎觉得更舒服。

仅仅是出现在沙发上，珍妮身体上的亲近和陪伴就为麦克制造了一种亲密感，即使他没有意识到是劳动吸引了她的注意力。这里要提到的情况是有一次，珍妮在周日晚上整理她的邮箱收件夹，而麦克在看一部电影：

> 我很快吃完晚饭，做完了其他事情，我丈夫在看电视台播放的一部很烂的电影，而我坐在那里用笔记本电脑浏览邮件。我删除了300封邮件，这让我感觉很好，为新的一周做好了准备。我试着只用箭头键和回车键，代替触摸板来完成操作，因为我觉得触摸板声音更大。他不断加大电视音量，我想我会尽量保持安静。我想说，我知道不是非得现在在家里做这些工作。我可以跟他一起看电影。但是我对这部电影不感兴趣，如果周日晚上做点有效的工作，周一早上感觉会更好些。

珍妮尽量考虑她的伴侣，安静地整理文件，而另一边，她内心却进行着激烈的对话——为什么自己觉得有必要工作。珍妮到底有怎样的性格，让她无法在周日晚上跟自己的伴侣同看一部平庸的电影？在某种力量的驱使下，她觉得这一时间地点不应该随意从事非生产的活动。在这个案例中，珍妮周一甚至不用上班，这一事实是更为复杂的现实因素。珍妮认为，她的伴侣不理解拥有一份允许在有酬工作时间之外工作的职业是什么感受。然而在这个案例中，是她自身的动机导致了她更喜欢与工作有关的活动，而不是选择娱乐。是因为她难以放松下来吗，这是不是她瞧不起这部电影的原因？仅仅因为这是一部糟糕的电影？或者说，工作真的能帮珍妮从一段单调的、让她觉得乏味的家庭生活经历中摆脱出来吗？

更多的谈话表明，考虑到珍妮一周的常规安排，或许是习惯的力量使她在这些场合“一心多用”。当珍妮周一、周二照顾儿子的时候，她会“登录工作系统，仅仅是打开邮箱，把笔记本电脑放在那儿，匆匆忙忙地过去查看和处理一些事情”，这对她来说是很平常的。珍妮的许多同事，包括她的上级乔治娅都会在休息日给她发邮件，让她随时了解办公室的动向。这也是为了让她有时间在周三上班之前先研究一下。珍妮解释说：“如果周三上班前不查看邮件，我想至少上班的头两个小时会用来赶进度。”第 2 章已经讨论过，非全日制劳动者倾向于用无薪时间来跟上工作进度。但珍妮的情况似乎更加极端。她接受采访以后发来的一份日志记录显示了这种差别：

> 我注意到，当我晚上登录、查收邮件的时候，我的伴侣会不高兴。我尽量控制这种行为，但我发现自己有时候会迅速查看邮件——
>
> · 在他回家之前。
> · 在他去商店的时候。
> · 在他下楼做园艺的时候，等等。
>
> 我经常查看我的邮箱，因为我想尽量做到井井有条、“掌控全局”，不想有任何意外。

这份记录的最后一句话进一步表明，珍妮的行为在某种程度上是对她无法预知的工作量的反应，尤其是要应对同事保持的有点强人所难的使用邮件的习惯。然而跟其他在职妈妈一样，她与技术的关系给人的印象是：在无人监督的时候，她可以抓住一连串的工作机会。事实上，工作在这种情况下听起来就像是要瞒着她的伴侣进行的偷偷摸摸的事，似乎工作是一种出轨。

很显然，这并不是当人们声称“爱”自己的工作之时，他们内心所想象的状态。然而在大量实例中，珍妮对工作的迷恋跟她生活中的其他重要关系构成了直接竞争。珍妮的故事让我们思考，职业女性是否超过了必要的程度去处理工作的相关事务，因为它提供了一种在家庭环境中难以获得的掌控感、价值观和成就感。就像上一章唐娜的情况一样，忙工作被证明有一种令人兴奋的反差，与家庭生活的循规蹈矩或稳定人际关系的缺失形成对比，这可能需要更多复杂的、批判性的审视。

夜航船[3]

本书中的其他人面临相反的问题。出于工作需要，尤其是在轮班制和合同制工作不断变化的要求影响下，他们缺乏与爱人共享家庭空间的机会。对艺术工作者萨姆来说，和伴侣坐在沙发上共度时光的奢侈已经不复存在，她很少见到自己的同居女友。萨姆的伴侣杰琪是一名医生，在医院的轮值时间很长，很少跟萨姆的时间表保持一致。晚上在工作室独自录制报道的时候，萨姆渴望和杰琪在一起，尤其是因为她的工作场所本身与外界隔绝（见第 3 章）。有时候，她会在杰琪在家的几个晚上用办公电话打回家。她觉得她们在一起的晚上是“宝贵的”。在本书的研究进行的第 3 年，萨姆的夜间课程给已经很忙碌的日程安排制造了更多困难。到了这个阶段，杰琪晚上在家里已经开始用Facebook跟朋友们聊

[3] “夜航船”（ships in the night）是指人们像黑夜里相遇的船一样擦肩而过，缺乏交流。——译注

天，而萨姆在杰琪工作得很晚的时候亦是如此。Facebook好友带来了缺席的伴侣无法提供的家庭般的亲密感。

另一些在工作上更依赖电脑操作的夫妇，用线上平台在工作日里保持通信。Facebook的更新、Twitter的推文和信息客户端，被用来远距离地分享情绪变化、重要事件和随机的小事，伴侣们可以跟其他亲朋好友一起见证这些东西。帕特里克和亚当都善于不断更新个人页面，由于工作安排的影响，很少能看到他们同时在家。在这些实践中，线上空间承载了家庭亲密关系的功能，从这个意义上讲，它在某个重要的时间段内是跟他人一起分享、生活和实践的空间。对独居的人而言，线上好友是填补同居爱人或室友空缺的可靠伙伴。如果这些东西可以说成是一种日常娱乐，为单调枯燥、例行公事的工作日增添了亮色，那么线上空间就提供了家庭关系的部分功能。

新媒体技术对家庭生活的影响至少发生在两个层面。首先，伴侣们要考虑这种可能性，即他们现在比以往任何时候都更有机会了解对方的日常工作。由于社交媒体缓解了孤独感以及家庭与市场两个领域的分离，人们在工作中并不是跟亲密的他者彻底分开的。与此同时，下班回家以后，精挑细选出来的好友圈子追踪着我们的线上更新，这些朋友有机会见证他人家庭关系的节奏变化、现实状况，甚至是家庭问题。由于每个人在一周的不同时间内或多或少都会登录系统，稳定发布的动态不断累积，对家庭活动的持续点评也参与其中。线上好友因此有机会了解其他夫妇日常生活中的关系状况以及承担的责任义务。正如萨姆和杰琪发现的那样，这些朋友甚至可以带来安慰效应，在我们的另一半忙于工作的时候让我们保持开心快乐。在这里，线上亲密感的好处包含了可能会提升关怀力度，超越另一半力所能及的范围。当个人由于工作原因无法成为亲密感的唯一来源之时，虚拟朋友可以提供帮助和减轻家庭伴侣的压力。

这种对工作和家庭日常生活的新的环境知觉[4]不限于朋友之间。在本书的一些案例中，类似的知识在相反的方向上起作用，创造出了对个人境况更加敏感的职场文化。有技术头脑的员工会用软件应用程序来判断同事什么时候待在电脑前，例如聊天程序可以查看即时状态。其他人则使用了邮件分析程序，可以根据邮件的发送时间来追踪工作时间。弗兰克给我看过一种类似的程序，下面说的是他的同事的日常工作流程：

> 诺埃尔在某个不合时宜的时间做项目。格雷姆……他开始得晚。他还没上来……雪莉早到早退，因为她的信息出现在一天开始的时候。前几天被我嘲笑的某人显然已经吃午饭了。你时不时地会发现，在中午 12 点到 1 点这段时间里，有些人的状态没有发生任何变化。

[4] 环境知觉（ambient awareness）是社会学术语，表示主体对周围的对话和行为的认知，尤其是指通过媒介保持联系而非直接接触的情况。——译注

弗兰克的工作是协调一支由新闻工作者和网站开发人员组成的团队，他们分散在全国各地。通过追踪信息发送模式，这个软件可以让他观察到同事们日常习惯里的有用细节，这些信息使他可以根据团队成员在电脑屏幕上的典型工作时间来安排工作流程。如果说，这似乎是一种了解同事的非常规手段，那么它凸显出科技在弹性职场中具有潜在效用，可以传授给我们与他人共情、共治的技能。在大型办公室内，同事间互发的大量邮件长期存在时间表不对应的问题，产生了破坏性的预期情感；与之相比，弗兰克使用的软件减少了延迟时间，也提高了对他人的工作模式和优先事项的敏感度。在本书提到的职场中，弗兰克这里是为数不多的在使用软件时充分考虑了这种时机和功能可见性的职场之一。

弗兰克的家庭联络也经常用通信技术手段来完成。他与妻子一天中最常用的联系手段是电子邮件。即将进行的活动和旅行信息经常以转发消息的方式传达，“你知道吗，因为说话的时候，你不太会注意准确的时间、日期、地点等细节”。弗兰克出于工作需要有时会进行跨州旅行，“一旦我订了票，就会转发信息给她，这样她就知道‘弗兰克晚上不回来，他就住在那边’之类的事情”。弗兰克承认，用邮件跟妻子联系“听起来有点古怪”，但这跟更传统的方式“一样容易”。本书中的其他受访者用MSN跟家里联系，“尤其是在学校放假期间”，当大一点的孩子没法接受上班的家长直接监督的时候。在这几个例子中，技术手段都能提升人们对不同日程安排的关注意识，并且不受地理距离的影响保持联系。

走出家门

本研究获得的证据表明，能最大限度享受技术对家庭生活的好处的人，是那些拥有稳定的家庭、工作和人际关系的人。一些接受采访的年轻劳动者还没有承担这些义务，这为我们提供了一个比较分析的重点。回想一下弗兰克的软件检测到的实际不存在的午休时间，提醒我们有多少劳动者在午餐时间内没有出现任何试图离开办公环境的迹象，无论是出于时间上的压力、办公场所内缺乏社交区域，还是同事不在场。贝琳达说，在典型的 7 小时或 8 小时工作日里，“我们根本不会离开自己的办公桌”。

> 这里有一种在我们的办公桌前吃饭的文化，你用微波炉把吃的加热一下，然后回来坐在你的办公桌前吃，我不喜欢这样。

工作时间和休息时间（如果它们有区别的话）是通过屏幕上浏览的内容的类型来区分的。安吉拉也提到过她在办公桌前吃午餐，同时进行她的“休闲上网”（见第 3 章）。在午餐时间工作或“办公桌就餐”在职场内已司空见惯。然而，这对居家办公的人来说可能会有更多的困扰，职业生活与个人生活的混合、工作与休闲的混合似乎妨碍了他们走出家门。例如，蒂根住在一个合租屋里，她在家里履行多个工作职责，还要进行荣誉学位的学习。“在我的房间就可以很方便地上网”，这意味着她“随时可以轻而易举地与人交流”。减少上下班通勤时间也给她增加了额外的两个小时用于工作。这样做的不利一面是：“你一天要花12个小时在网上，而且当你应该做点跟家人聊天之类事情的时候，你还在学习和工作。”对蒂根来说，“我日常的一天是起床，在吃饭之前就打开电脑直到深夜，因为它好像就在那里等着我”。她经常想，“在电脑上花了这么多时间”以后，“或许应该出去锻炼或做点类似的事”。实际上，蒂根“把一天中最好的时段、一天中大部分的时间都用在网上。比如学习、发邮件或者浏览Facebook”。尽管她意识到把自己的时间用于“出去活动”可能会更好，但她很少这样做，如果她“很忙”的话。

蒂根的案例尤其引人注目，因为她是本书追踪的最年轻的劳动者之一。这些习惯在她职业生涯中形成得如此之早，给未来树立了一个令人担忧的先例。不仅是她的持续的合同工职位存在负面影响，可能使她习惯于疯狂工作的要求，长期的学徒生涯也意味着大量无法报销的开销，这是她的家庭办公室得以运转的条件，还要加上在市中心生活的一般费用。另一个让人担忧的情况是，她可能因为过度使用电脑而出现身体症状，这在年长的劳动者中很常见，他们在职业生涯后期才接触电脑。相当多的年轻劳动者描述了因长时间待在屏幕前出现的这样那样的毛病，还有在职场引入强制性的锻炼计划以后出现的逸闻趣事，这些计划在短暂的热情过后，只会被放弃。

图书馆馆员帕梅拉也注意到，就在短短几年时间里，她的人际关系在新兴科技培养的习惯影响下发生了变化。这位 29 岁的女性并不是一个爱用手机的人，她有一种感觉：网上聊天会影响其他类型的活动，“我不经常出去与人见面，因为我们已经在网上聊过或者用手机发过消息。用手机发信息是件大事”。所有这些交流都发生在家里，帕梅拉注意到：“你并没有像出去跟人喝咖啡那样真正见到别人，你明白我的意思吗？”跟他人保持联系不是问题。然而，用于紧密联系的新兴网络平台和渠道的数量不断增加，对人们保持身体距离有一种累加效应。帕梅拉解释说：“我更多地待在家里。”

跟每个人单独相处[5]

这些发现把我们带回到本书一开始描绘的领域，也就是伴随新媒体技术出现的关于工作弹性的花言巧语。尽管移动技术持续不断地被推销给大众，宣称它带来了远离桌面和

[5] 本章是在雪莉·特克尔的《群体性孤独：为何我们对科技期望越高，对彼此期望越低？》(2011) 出版之前写的，该书也有类似的担忧。

电脑的自由，但似乎很多用户仍然沉迷于屏幕，有着越来越长的静态周期。虽然特定的软硬件随时间推移发生了变化，不变的要求却是员工需要大量使用在线技术。对活跃于新媒体平台的年轻劳动者来说（无论这种活跃是源于自我选择还是管理层的指令），用于Twitter或Facebook的在线时间有助于缓解他们在家里与实体公司接触时间不足的问题。这带来的潜在问题是，为应对工作上的孤独而开发的支撑结构，与本来就已经被忽视的亲密关系构成了竞争，正如下面的帕特里克与其伴侣亚当的例子。

帕特里克的工作是从黎明前开始的，当他从电台下班回家，经常发现家里没人。下午小睡一会儿，有助于从广播公司的工作节奏中转换出来。亚当是自由撰稿人，同时也在一家书店工作，所以他的工作时间跟帕特里克不一样。是否有共度的夜晚，要取决于亚当不断变化的截稿时间和帕特里克对音乐活动的投入程度。这对伴侣收入不高，只能住在一套小公寓里，公寓同时也必须充当亚当的工作空间。帕特里克最初在卧室的书桌上写东西，他解释说，他们需要在主生活区里为亚当设置一个工作区域："当我比他更早上床睡觉的时候，他就很难工作，也没地方工作。"这是工作亲密感对家庭产生影响的最鲜明例证之一，因为不同的工作安排在雇佣时间以外产生了连锁反应。合同制谋生方式的脆弱，意味着我们要在家庭空间有限的组织结构之外增加一层额外的微协作[6]。

跟萨姆和杰琪的情况一样，在亚当工作的时候（无论是外出还是在家），是科技手段让帕特里克不再孤单。他的音乐活动需要推广，新闻报道需要持续追踪，帕特里克有理由超出他的工作要求去保持线上活跃。尽管如此，他承认：

> 当我和亚当都在家的时候，他使用他的笔记本电脑，而我在用自己的电脑，我确实感到一阵悲哀。我只是不知道为什么会这样，当我们同时在家，会出现都在使用电脑的情况，我不知道，我们没有很好地彼此注意对方，我不明白为什么有必要在同一时间工作。也许上网是为了娱乐，我不清楚，我宁愿干点别的事情。

帕特里克的困惑在这里加剧了，因为他试图区分上网休闲和上网工作。这些问题是他作为新闻工作者的职业身份所固有的（见第 3 章），也源于他把社交网站用于各种形式的有酬和无酬的活动（见第 5 章）。在这里，帕特里克还担心自己没有用正确的方式履行家庭责任。他和亚当能够分享亲近感和存在感的时刻不但不多，还带来了一种新的压力，

[6] “微协作”（micro-coordination）是美国传播学教授里奇（Rich Ling）创造的术语，主要表示用手机发信息等基于移动通信和社交媒体的简单、灵活的协作活动。——译注

那就是如何在居家生活的微不足道和转瞬即逝的新鲜感中享受它的平凡。

由于工作在白天会把亲密的伙伴分开，像帕特里克和亚当这样的伴侣会形成一个反馈循环[7]。外出工作的时候，线上联系的慰藉会让他们养成新的习惯并享受其乐趣，一直延续到他们最终待在一起的晚上。由于线上好友和联系人变成了一天中更为固定的陪伴者，家庭生活可能失去了一些早先的功能。不过，不应当消极地看待这一点，我们回到第 5 章提出的观点，正是对网络文化以及由此产生的各种友谊的共同兴趣，使亚当和帕特里克显得如此般配。我们可以跟本章开篇珍妮的故事进行比较，这对伴侣理解从事同样的事业是什么感受，他们都为合同制文化工作的变化无常的前景而忙碌。事实上，亚当和帕特里克作为一个家庭单元获得成功的秘诀之一，似乎就在于他们对自身工作重要性的共同信念，即使事实证明，这种“重要关系”[8]才是把他们分开的主要影响因素。

[7] 反馈循环（feedback loop）是指系统把输出的一部分反送到输入端，继续产生输出。这里表示形成了一种正向刺激的机制。——译注

[8] 重要关系（significant relationship）的本意是指在没有婚姻、亲属关系的情况下，作为伴侣生活在一起的人缔结的关系。这里表示两人有相似的工作观。——译注

第 9 章

随叫随到

有些东西会受影响，比如你需要的睡眠。

——杰夫，IT设备经理

本书前几章重点介绍了信息通信行业中工薪人员、非全日制劳动者、合同工的日常经验，评估了在线技术对私人关系和工作关系的影响。这些故事带来的疑问是：各种社会机构从早期精英化的技术应用者那里得到启示以后，以飞快的速度在更大范围的职场发起了变革。管理话语中有关工作弹性的话术明显影响了当代知识型行业的中层的办公室工作的就业环境，而支持这种话术的理据只有Web2.0 倡导者鼓吹的移动办公的自由和参与性原则。这些强大的利益集团不会把普通劳动者的生活放在他们考量的中心，也不会认识到在主流环境中进行狂热宣传的后果。

在迄今为止的讨论中，这些实践被看成是办公室职员的典型活动，然而要完成本书的任务，至关重要的是听取另一群为实践提供基础设施的人的意见。随叫随到的员工——无论是IT支持人员（其日常工作只包括应对紧急需求，当出现设备故障或用户数据丢失的时候），还是公关策略师（他们在电信公司服务无法覆盖的时候来挽回损失）——都是移动职场的重要支撑力量。对这两种角色而言，即时性是关键。这类工作取决于他们在同事遇到技术困难的时候及时到场的能力。如果说本书中的其他类型劳动者在面对通信过载的时候出现了焦虑症状，并且这种症状往往是自我存续的，那么上述员工的压力更多地受到外部驱动。在本章中，我们将看到一些最容易受外部影响的劳动者，管理层对员工可获性的期待限制了他们最普通的日常活动，从逛杂货店到办会员卡健身，甚至是独自上下班。

这些劳动者的工作侵蚀了他们的“年华”，把日常活动变得极不稳定。正如第 3 章解释的，在近期的劳动政治中，“脆弱”被用来描述那些具有弹性工作环境的职业所固有的威胁感，这些工作环境不可避免地在一定程度上带来了经济和生存上的不安全。对脆弱理论学者来说，劳动条件意味着一场围绕劳动者与时间的关系展开的斗争。脆弱的工作让人们生活在持续的不确定性中。从这个意义上讲，这一术语反映了“随叫随到的非全日制零售职员的经历”“他们在非工作时间提心吊胆，随时准备着被电话叫去轮班，还有那些永远在应付多个合同的自谋职业的文案人员，由于担心将来的收入流减少，他们很少会拒绝一份合同”（布罗菲和德佩亚特，2007：182）。他们的共同之处是无法预测和控制工作时间，产生了“一种柔术杂技演员般的时间规划方式”[1]（同上）。脆弱的工作会大大影响维持私人关系和社会关系所需的时间质量。这些跟心理学和本体论意义上的幸福感相关的“非物质”因素，被认为堪比基本的“物质”问题（对劳动时间的经济补偿）。用我在本书中使用的语言来说，脆弱感是工作亲密感的另一种表现：无论时间地点如何，它不可遏抑地入侵一个人的思想，这是被通信技术不断推动的工作出现了不可预测性的表现。对潜在工作的预期和准备，是知识型行业工作的“情感”维度中的“非物质”因素。

本章聚焦了一群劳动者，他们管理时间或提前做规划的能力受到排班系统的不可预测性的限制。随时待命的状态限制了他们身体意义上的活动，因为社交生活和家庭娱乐都必须保持在无线通信范围内，防止出现工作上的紧急情况。回到本书的关键主题之一，正是“团队合作”的观念使这些劳动者愿意承担不断变化的工作任务。然而，本书这一部分结尾的故事最终表明：团队合作的暂时和表面上的团结有其局限性。

[1] 指劳动者调整压缩自己的私人时间以适应工作安排，就像杂技演员扭曲身体做出各种极限动作一样。——译注

一小时半径

我们在第 7 章提到过杰夫，他是一名IT经理，有两个年幼的女儿。在大学的校区之间穿梭是影响杰夫邮件畅通的关键因素之一，我们注意到他倾向于晚上在与家人分开的家庭办公室里花时间解决这个问题。我们第二次会面的时候，杰夫已经换了一个离家更近的新职位。他解释说想尝试“不一样的东西”，为另一所大学的核心计算机房工作。这份工作是IT技术和设备管理之间的纽带，该领域被称作“基础设施的持续性架构服务”。杰夫解释说，他的工作任务是“主要负责恢复和保持设备运行，确保有足够的动力和冷却”。换工作以后需要适应新的电子邮件系统，这是工作调动所需的一次性时间投入。然而，杰夫生活方式的变化主要在于一份随叫随到的值班名单。他是一个全天候值班的三人小组的成员。每 3 个星期，杰夫就得有一次随时待命的值班。如果有什么事情发生，电脑会自动通知他：

> 因为我们这里没有运营中心，我们基本上是通过自己的电脑得到通知的。如果出了什么问题，比如出现空调故障或者因为某种原因温度升得太高，我们数据中心的设备会发信息过来。这有可能出现在一天中的任何时段。

这个系统的麻烦之处在于，无法知道信息到底有多重要，“这基本上就是你的活儿，你得警觉起来。挣‘随叫随到’的钱，就要保持警觉，掂量一下信息是否重要”。

杰夫值班期间平均每周只接到一次呼叫，他觉得“很幸运”，尽管这“取决于季节”，“当季节更替以后，真的会响警报”。无论是否接到通知，杰夫的日程安排都必须围绕着可能会接到通知这一假设。

> 要求之一就是你必须在一小时内登录，这就是为什么我们都有笔记本电脑，这样可以远程输入控制信号，我们也有无线宽带，可以在朋友家里或其他什么地方上网。比如上上周，我在女儿的活动、学校的游乐会上带着笔记本电脑，就在草地上登录。

该机构每两周会支付一次 80 美元的随叫随到的津贴，再加上要做点具体工作的加班费，“登录你的电脑，有两个小时的加班费；如果只是给某人打电话，算一个小时；如果你必须去现场，就算三小时”。按照杰夫的说法，不同团队的工作人员对于什么是可接受的工作联络存在分歧。他自己的团队同意全天候联系，但其他人不同意。虽然他们每两周获得的报酬是一样的，其他团队接受召唤的时间截止到工作日晚上 10 点和周末下午 5 点。杰夫开始这份新工作的时候，同意设定更多的联络时间。尽管他似乎不介意这种无规律的召唤，但每次执行完任务的第二天，他无疑会在上班的时候感到疲惫。此外还存在安全问题，这项工作在形式上规定了劳动者在轮班之后要休息10个小时，否则就要付双倍津贴。在杰夫被安排进值班名单的数周里，这种待遇从未兑现过。

当谈到这份工作对家庭生活的影响时，杰夫说他的妻子并没有被这些通知打扰。因为她通常无论怎样都会待在另一间卧室里，他们三岁的女儿自己一个人睡不着。所以当杰夫的电话在晚上响起的时候，他往往都是一个人独处，不会影响到家里其他人。对家庭的影响主要是在周末，当他们计划一起做点什么的时候。其原因在于，“就算规定可以超出一个小时的范围，你实际上也来不及作出反应”。

杰夫意识到，如果出现“某种灾祸”，比如发生大停电，他必须“在10分钟以内作出响应”，“这样才能真正做点什么，对下一步要干的事情作出正确的决定，我想事情就是这样”。在这里，杰夫考虑到了一系列潜在的危险——综合楼里空调的短缺、设备保修细节以及更换设备所需的成本，强化了他对机构的责任感。这也导致他对工作联络的时间范围更加注意，而不仅仅是接受他的雇佣方的提议。杰夫在随时待命的周期里限制自己的行动，这样在紧急情况下，他的个人行为就不会被视为造成更大损失的原因。

> 我觉得一个小时有点不现实。我尽量带着自己的设备，待在州首府之类的地方。我们很少周末外出，所以这份工作对我们来说还算可以，但如果我真的想外出的话，这就是一个制约因素。

压力之下

杰夫牺牲了自己的闲暇时间，为机构承担责任，类似的经历也可以在第 6 章提到过的网络新闻制作人贝琳达身上看到。在代理执行制作人这个新岗位上，她通常是唯一知道如何回答技术问题的人。随着这家广播公司扩大其线上业务并引进许多新人，贝琳达经常会接到没有经过充分培训的员工的电话：

> 我接到不少电话，问我怎么做这个、怎么做那个。有些人才刚起步。很多人既给我发邮件，又给我打电话。表面上人们是发邮件，但没有得到回复的时候，他们同样会打电话给我。仅仅是为了确认我是否收到了邮件。

她接着说：

> 说实话，当我第一次担任更高级别职务的时候，我在某种程度上很自豪成为那个接电话、做决定，做诸如此类事情的人。后来，我就习惯和接受了这种情况。而现在，当我在自己的休息时间接到电话或者被要求做这做那的时候，我就很反感。

随叫随到生活方式的魅力很快消失了。事实上，贝琳达发现当她需要彻底休息的时候，很难摆脱工作的影响。有一次周末，她按计划花了一个半小时车程去山地旅行，而她又一次接到了公务电话，“还有一种情况，就是我可能必须回去轮班。我设法避免出现这种情况。我接到电话的时候很不高兴”。

贝琳达意识到，上一任执行制作人就是因为受不了折腾离开了这个岗位。这使她清楚地认识到这份工作需要多少的沟通工作量。管理团队正在试验不同的排班系统，试图分散工作负担。即便如此，她的工作日仍然让人觉得工作强度很大：

> 几乎一上班就开始了——就像今天早上，我觉得很沮丧，因为一进门就开始了。有时候，我甚至还没有登录系统就接到了电话，有人问我事情，而我可能还没来得及查看邮件，我刚坐下来或者刚登录，诸如此类的情况……早上给自己留半个小时是舒服的，走进办公室，查收邮件，喝杯咖啡或者喝点其他什么，然后做好工作的准备，但那只是我的想象。

贝琳达觉得，“我唯一的选择是很早就过来，但我不想这么做。所以我必须习惯这样一个事实，一到这里，就要做好开始的准备”。从事新闻工作让贝琳达很难用更轻松的方式规划自己的时间：

你可能正在做某项工作，然后突然就发生了一件大事，你必须放下手头的工作，去承担其他任务。至于为工作日制定计划……你只是在对发生的一切作出反应。不会有什么真正的办法能让你知道什么时候忙、什么时候不忙。你得学会适应不断变化的工作环境。谁也说不准。

贝琳达用科技手段来缓解不知道会发生什么的焦虑感：

我从不关机。我没有那么多电话，但必须保持一个接听电话的状态。我现在有一部手机——不是iPhone，但我仍然可以在上面查看东西。我觉得人们对我的期望值越来越高，我必须通过手机了解职场动态，以及查看Twitter之类的东西。我想，从长远看，这会使我更轻松，因为多看一下，就能了解现在的情况。重要的不是我走进办公室的时候发生了什么，而是周末发生了什么。知道周末发生的事情，就可以为周一的工作做好准备。所以从这个角度看，手机是有用的。Twitter也是如此。我在家里用它来掌握各种情况，包括突发新闻或者我可能需要知道的网站上的其他任何东西。

就像我们在帕特里克身上看到的那样，在贝琳达的工作中，了解“发生了什么”是“技能包的一部分”。掌控特定时间的新闻报道是一个很大的挑战，而成功取决于学会压力管理：

> 我意识到，不可能了解正在发生的每一个独立事件。通过网络，我们每天大约会发送300篇报道。所以，我不可能知道我的网站上发生的每件事。我以前觉得很有挫败感，但现在真的不在乎。

贝琳达对于“不可能知道每件事”的认识，在本研究的大框架内是很重要的。她是直接评论过自己所在公司制造的海量信息的少数员工之一，并且认为不可能从她的职务出发跟所有信息都保持同步。了解公司发生的一切，这超出了个人的能力范围。一旦明确这一点，贝琳达就承认了自己的局限，她可以区分轻重缓急，集中精力完成重要任务。她也能理解职场是如何导致焦虑情绪的：

> 这里有一种真实存在的氛围，就是认为，如果你不知道发生了什么，就不能很好地完成工作……如果其他人都在不停地轮班，并且在没有额外报酬的情况下付出额外劳动，你就会觉得，这也许是我应该做的。[2]

[2] 贝琳达的评论解释了第2章莉莎提到的困难，也就是后者过去在电台工作时面临的压力。

然而，贝琳达在公司花的时间越多，她就越有资格按时下班：“我没有幻想公司会表扬我或诸如此类的事情。我待在那里是要计算报酬的，而且我知道自己随时可能接到电话，那么，为什么还非得花额外的时间待在那里呢？”

无法解决

考虑到 24 小时滚动新闻有巨大的内容需求，新闻行业的要求肯定很高，这是通信技术影响职业实践的另一种方式。然而，如果说贝琳达表现出她有克服某些压力的能力，很成功地转入了管理层，那么从更深的意义上讲，这种劳动者感知到的可获性与紧迫感的结合，同样也适用于各个工作部门和岗位。朱迪是一名销售人员，服务于本书提到的电信公司。她 26 岁，是接受采访的最年轻的劳动者之一。作为霍莉团队的成员，朱迪为特定的消费者“细分市场”策划专门的营销活动。她的任务是给面向女性的电信产品设计广告，这个团队一直在尝试用社交媒体网站创建“资料页”，描述他们的目标用户的特征。

我们第一次访问朱迪的时候，她很享受几周一次的居家办公。在这些时段里，她可以专注于自己的“发展目标”，研究“如何改进业务”的方案。在这些日子里，朱迪被鼓励着眼大局，“少一些操作性，多一些战略性”。然而随着时间推移，她注意到频繁召开的会议开始影响她在家里偶尔待一天的机会。例如有一天，她打算待在家里，计划实施前的最后一分钟，公司搞了个小组座谈；还有一次，“霍莉安排了一个会议，她希望我们所有人都在一间设计室里展开头脑风暴，在写字板上把想法写出来”。这些临时变动相当于一种强制性的超时工作，让朱迪倍感沮丧，她原以为事情已经安排好了。这些例子可以让我们感受到她的办公室工作节奏以及公司安排活动的速率。在一个典型的工作日里，有接连不断的会议，“你有半小时的休息时间，然后跑去开下一个会，要么你有一个持续一整天的会”。

在朱迪真正能够居家办公的日子里，她会让自己的邮箱在每天早晚多开一个小时，从早上7点半到晚上10点半，“仅仅是因为我对它上瘾了，我必须看到和回复一切信息，经常会有很多紧急事件发生”。尽管她和珍妮、克蕾尔、苏珊一样，很珍惜居家办公、摆脱办公室日程表的机会，但她还是觉得有必要保持工作联系。她觉得在邮箱里设一条“不在办公室”的自动回复，会传递错误的信息：

> 如果你在表达“我今天居家办公，无法邮件联系”的时候设置一条“不在办公室”的自动回复，他们就会有这样的反应：“哦，你的工作进展如何了？”人们不明白，当你需要单独行动和思考的时候，你可能只是在做一个项目。

朱迪全天候追踪电子邮件的另一个原因在于，邮件在任何时候都是上司下达指令、安排紧急任务的主要途径。

就像今天早上……我计划好了今天要完成的所有工作，然后早上就出现了一些状况，需要在晚上8点停止营业前解决，这会占用相当多的时间，幸运的是我看到并回复了那封邮件，所以我能在停止营业前搞定。

和“上瘾”不同的是，这里朱迪使用邮件的关键之处在于学会应对获知的紧急情况，适应公司里权力更大的同事的沟通习惯。由于经理们经常开会，面对面接触的机会并不多，电子邮件成了忙乱的工作日程安排中不变的主题。

自我们第一次访谈以来，朱迪的角色跟杰夫一样发生了变化，除了日常工作，她还被安排进入随时待命的名单。她每两周有48小时必须参加电话会议，处理影响公司的重要事件。服务故障和网络覆盖问题是其中的主要问题。我们的访谈就在这一时段内进行：

我周日、周一都是全天随时待命，还有今天……我昨天参加了一个远程会议，一直开到晚上7点半，今天早上8点在火车上又开了一个，我原打算在午餐时间去健身房，而我接到了另一个商务电话会议[3]的

[3] 电话会议（bridge），也叫“会议桥”，是指通过交互式的多方电话会议系统召开会议，在电话、网络等载体上建立虚拟会议室。——译注

通知，这些都是紧急任务。我们会提前20分钟得到通知，你必须到位，这些都是我们客户那边出现的紧急事件，必须设法解决。

朱迪意识到她的职务新要求对自己的日常生活产生了很大影响。

我真的很难保持工作与生活的平衡，就像昨晚，我正准备去买东西、开车去杂货店的时候，我得参加电话会议，而今天早上我在火车上跟所有乘客在一起的时候，也要尽量参加会议，我周围这些乘客不应该知道这个机密的客户事件。然后，你知道的，我再次尝试在午餐时间去健身房，想找到一些平衡，但这不会成功。我现在有半年的会员资格，可能头两个月去过，今天已经安排好了去一次，中途就被叫去参加一个电话会议。所以，我去不了健身房。

朱迪的新的工作职责带来了紧迫感和不可预测性，使她没办法制定最简单的计划。她努力限制工作的入侵，把它看成是一系列的陷阱或圈套，因为当她每一次离开办公室的时候，工作都如影随形。

不知道什么时候要工作的不稳定性，也影响了她的家庭生活：

> 昨晚，我不得不开着手机，因为他们在 8 点半的电话会议上告诉我，今天早上 6 点还要开一个会。正常情况下，我会把手机调成静音，只有醒来的时候才会打开，因为知道要接这个电话，只好把手机开着——事实上，我睡得不太好，我把手机放在床边，想着工作上的事，我不得不在凌晨 3 点左右起床，把脑子里闪过的工作事务都记下来，我脑子里全是这些必须做的事情在打转，没法放松，直到把它写下来，我的大脑才能忘记。

和她的同事克蕾尔一样，朱迪发现，当很多工作上的事在脑海里打转的时候，她很难在一天结束的时候放松下来和从容地休息。她意识到如果床边摆放着电子设备，就很难彻底放松。克蕾尔学会了关上笔记本电脑，周末把它放在一旁，而朱迪发现在家里更难摆脱与工作的亲密关系。

更糟糕的是，朱迪工作中这段随时待命的延长期是没有报酬的。这是一个无限期的强制性附加项，理由是电信公司正在经历“五年转型期”：

> 我们把客户从一个网络平台转移到另一个网络平台，这种事经常出现，事故发生率差不多是一天 10 起。今天上午发生的一个例子是，我们的系统完全冻结了，客户根本没办法进行任何操作。每当有客户进入系统，都会出现“抱歉，帮不了您。系统冻结”。我们不

> 得不为自己的员工准备一套应急方案和一些沟通手段，以便告诉客户在这种情况下应该怎么说。

朱迪承认，公司的这些改良是不可避免的：

> 让人恼火的是，你做的这些事永远不会得到赞赏，你也不可能从这些业务中获利。它只是应该做的，我们必须把它当成工作的一部分。

尽管朱迪讨厌她的工作任务被延长，她还是克制住自己的沮丧情绪说："我的经理也是随叫随到，所以她理解这是怎么回事，这多少是一种安慰。"当然，她这番话没有考虑到霍莉因为承担这个级别的责任而获得了更高的薪水。相比之下，朱迪只是简单地被告知"必须有人来做这件事，你做这个是把好手"。朱迪的职位较低，没多少选择权。虽然她有调休的权利，但似乎不太可能把这些时间找补回来。在这个以团队为基础的职场中，过多的个人抱怨就像是在制造麻烦，"我从没听说有人这样要求过。我想，如果我真的去问经理，她会说'好吧，我也是随叫随到，我没有要求休假'，所以我想这不会实现的"。

这是对一位似乎不能深入思考职场权力关系的员工的研究中最明晰的例证之一。团队合作的逻辑看上去安抚了朱迪，她有合情合理的不满情绪，却无法与职场里的其他人抗衡。朱迪的故事印证了安德鲁·罗斯的先见之明，"跟传统的企业机构不同（主要影响高管和经理），今天为了机构利益而承担永远在线义务的“生化危机”[4]，甚至影响了最年轻和最初级的雇员（罗斯，2003：19）。事情就是这样，朱迪没有机会要求休假。几个月以后，形势逐渐明朗，该公司的“五年转型期”也意味着在全国范围内裁员 800 人。由于雇佣方的企业规模较大以及金融危机的背景，裁员的消息在通知员工以前就被透露给了媒体。

宣布这些变动的时候，朱迪正在休假。尽管如此，经理霍莉还是直接打电话告诉了她这个消息，以免朱迪在回去上班之前听到谣言。正如朱迪解释的那样，“我正在休假，想放松一下，然后就接到了电话，我知道在周一前不会听到任何细节，所以这实际上没有让我放松下来。我想知道自己是否要去找份工作”。直到她回去上班的时候，“人们仍在电话里打听自己是否还有工作”。朱迪是她的团队中少数幸免的人之一。霍莉是被裁名单中的一员。

鉴于我们对朱迪工作环境的了解，或许可以理解她竟然想被裁掉——她后来承认了这一点。随着她的工作调整以及新的经理到位，朱迪开始找新的工作。团队解散对她的决定有重要影响：“我不会留下来，因为反正我所有的朋友都走了，你明白吗？”很快，她获得了一份薪水高得多的工作，在一家成功的托儿服务公司担任营销经理。离开电信公

[4] “生化危机”是以丧尸等恐怖元素为主题的生存冒险类电子游戏。这里指像丧尸病毒扩散一样的普遍性危机。——译注

司的时候，朱迪没有想到这家公司在不久之后将成为新闻头条。关于该公司可疑的财务基础的消息被曝光，导致股价暴跌。这家公司很快从股市宠儿变成了完全符合破产管理。

朱迪在一轮裁员中幸存，却在另一轮裁员中丢了工作。2009 年初，她要在全球经济危机最严重的时候去找工作。她面临的主要问题是，要在竞争中击败其他应聘者，她首先得赶上截止日期。因为有太多的人在找工作，广告上的职位“刊登四天之内”就会结束招聘。朱迪发现“真正适合我的并不多”：

> 我不是资历过高就是资历不足。中档需求很少，我觉得这是因为，这类人员是他们在这些经济周期里最想甩掉的人。我差不多处于高级营销人员、初级管理者的级别，实际上，这个级别是人们最不想雇佣的，让干活的低级别员工和掌控公司的高管一起工作就行了，没有中层管理人员也能凑合运转。

正如我们看到的，朱迪在电信公司的低级别职位是她被压榨的主要原因之一。她还跟几位同事一起，接受了额外的工作，她觉得这是对团队的责任感的一部分。直到现在，面对失业压力，她才有机会反思自己过去几年的工作。朱迪不得不承认她的职位跟一个更大的雇员群体有关，这些人对自己的“管理才能”有相似的认知。离开团队的缓震支撑，她的个人材料只是又一份等待处理的简历而已：

> 我开始意识到，我可能不得不降薪50%甚至更多，因为外面的竞争太激烈了。其他很多营销人员都被公司裁掉，因为这是一种支撑服务，经济不景气的时候，首当其冲的就是它。我认识的所有人都在找工作，比如，我的营销圈子的所有朋友都在找工作，要么刚刚找到——花了很长的时间。

面对这样的前景，朱迪甚至表现出对电信公司时光的怀念："我确实过得不错。"在一年的时间跨度里，同样一份工作从不合理的要求变成了比其他工作还要好些。

本章讲述的劳动者只是数十万人里的一部分，当经济预测专家宣告金融史上最大衰退之时，劳动者受到了大企业勒紧腰带过日子的表演行为的影响。朱迪的评论符合更大的文化背景，越来越多的员工在这种背景下被告知，接受任何工作都比没工作好。到了 2009 年，解决市场萧条的权宜之计包括削减工时、延长假期和分担制的工作安排，市场萧条可能导致更多劳动者成为牺牲品。本书的研究刚启动的时候，一场关于"技术人才短缺"的颇具影响力的公共讨论，已经注意到了企业在尽量提供弹性工作安排以及考虑精英的喜好，这是受过良好教育的熟练员工需要的。18 个月内，就业环境如此迅速地发生了变化，管理者强迫员工以无薪休假的方式暂时离岗，以便保住他们的职位，前者为此受到了称赞。

这些措施是对长期累积的工作强度造成的职场"贪吃

症”的矫正。办公室文化从未甘心忍受新媒体技术对工作负担的累加效应，然而它提出的劳动诉求却面临一种长期的“例外状态”的影响，金融危机的环境只会推动例外状态的常态化。朱迪遭遇的职场地震（她有超过一半的同事被裁）凸显出：劳动者出于对团队的忠诚，同意接受不切实际的工作负担，但这并不能使他们免受高层选择的削减成本的手段的影响。在一个有着严格的效率要求和业务大量外包的时代，个人的不可或缺是一种幻觉，公司的工作弹性是以牺牲个人利益为代价的。今天的白领专业人士的困境在于，他们在被需要的时候投身工作，雇佣方却不会对回报他们的奉献做出相应的保证。这种做法的风险在于，公司可能会永远失去员工的忠诚，正如电信公司的另一位裁员幸存者米兰达解释的：

> 在这种环境下，没有什么是确定的。我想，任何处于当前公司环境下的人，如果还认为自己的工作很安全地向前迈进，那将是愚蠢的……永远不要以为你拥有一份终身职业或贯穿全年的工作。

米兰达预料到了这一点。由于出现新的变故，“我们大概有5个月过渡期，在他们找到新总裁之前，不会发生什么大事”。然而在那以后，“又得大量访问Seek.com.au了”[5]。

[5] Seek.com.au是澳大利亚最大的求职门户网站。电信公司的中层管理人员不断被裁，证明米兰达小心谨慎的态度是有意义的。

如果说米兰达描述了当前经济形势下就业的不稳定，那么朱迪和杰夫则代表永远在线工作文化的另一个极端。他们显示了要服务和维护那些带来新型弹性职场的线上平台，需要巨大的个人付出。他们的故事是对本书中其他类型劳动者的重要补充，后者的选择是超出常规要求、更努力地工作，依靠大量的技术基础设施去实现这一点。综合这些视角，我们需要明确的一点是：能否通过理解信息工作中共同的劳动条件，找到某种形式的同心同德的关系。这将成为本书结论的基础。

Work's Intimacy

结语

线上职场的劳动政治：有爱之人vs. 无爱之人

我想，我还没有战胜电子邮件。我想战胜它。应当有一种超越电子邮件的生活，我觉得需要我们去重新发现。

——克莱夫，大学教授

性别、地域和种族的不平等对全球劳务经济产生了持续影响，信息、通信和教育行业的劳动者很难说是被压榨得最厉害的。极度贫困人群为了从事他们谋生的职业，日夜出入真正恶劣和有毒的环境。与之相比，本书的研究对象——绝大多数是白人、中产阶级的、富裕和健康的劳动者，并不能唤起多少同情。本书写作的主要动机之一是更好地理解这样一种状况：如此之多受过良好教育的专业人士，在忙碌的日常工作中区分轻重缓急之时，总是考虑不到他人的严酷工作环境。这就要追问：为什么甚至是最普通的工作投入，都显得超出了正常限度，看一眼泛滥成灾的收件夹就能了解。

一开始，似乎有理由相信，白领劳动者的“社会公德”（怀特，1963）可能是他们长期待在办公室的根本原因——出于对公共服务理想的责任感或对机构价值的信念。本书比较了公共部门和私营机构的员工，意在单独审视经济因素的影响，看它是不是进行额外劳动的关键动力。似乎有压倒性的证据反驳这一点。无论职场人士的社会导向的意图如何，通过移动设备对知识工作进行审美化、强化和个体化，都会带来特殊的难题。在信息行业劳动者的头脑中、大腿上和口袋里有着前所未有的与工作的亲密关系[1]，再加上以团队为基础的去中心化办公室的管理技巧的影响，形成了一种十分有效和强制性的社会参与模式。任何经济回报都只是额外的奖励。

在调查在线平台及设备用于工作目的这个问题上，新媒体研究表现出了出人意料的沉默。而在现存的研究中，更鲜有人证明：学术界自身也参与了以工作为中心的、往往被通信技术推动的就业市场。这既有方法论的原因也有职业的原因。建立在通信技术基础上的职场变化速率，给试图追踪特定平台或软件包的研究者带来了困难；大学的研究伦理指南把工作场所和家庭视为开展研究的两个最敏感地带，同样制造了障碍。对于“时间就是金钱”的员工来说，安排面对面采访的最基本的不便和困难是最大的挑战之一。商业敏感和潜在的行政干预也会以不同方式对研究构想产生影响。那些已经处于压力之下的员工难免会犹豫，到底能透露多少关于工作及相关管控活动的情况。

然而，研究显示出最大的障碍可能在于：员工作为移动和外出式办公这个新领域的组成部分，自身很少把信息监管和查收邮件“算”成工作，而这些都是职业生活的基本要求。至关重要的一点是，我们需要更多关于这种被低估的劳动实践的经验证据，因为现有的对中产阶级工作和家庭生活

[1] “大腿上和口袋里”指使用笔记本电脑和手机。——译注

的标准叙述是针对在线技术完全成为主流以前的一段时期[2]。我们已经超越了霍克希尔德在《心灵的整饬》中描绘的情形，即“表现得热爱工作”是情感劳动的主要形式。她在服务行业劳动者身上发现的“深度扮演”，与本书描述的几种办公室文化鼓励的虚拟友谊密切相关。然而，其他故事提醒我们追问：当劳动者说他们爱自己的工作的时候，是不是确实这样做了。

访谈最后的一些评论为结语提供了有用的依据。按照图书馆干事塔尼娅的说法，今天的工作和家庭生活唤起了“有一百万个截止日期的感觉”。为了应付“所有的截止日期，家里的、孩子们的，还有学校的……”，“你会感觉头晕目眩”，日程表是“绝对必要的”。在她看来，“整个工作文化……在过去几年里发生了剧烈变化，在工作量方面对你的要求更高了”。电视制作人温蒂在电子邮件问题上有特殊的困扰，她说：“邮件数量实在太多了，我发现有时候身上有疼痛感，仅仅是因为处理材料，被困在桌子前，整天处理这一大堆材料。”温蒂担心，线上工作的文化正在造成“对健康有害的后果”，“因为整天像这样坐着，会让人们肌肉紧张、含胸驼背。我意识到了这一点，有时候会对这一大堆压给我的、必须处理的事情感到愤怒，它让我背痛”。项目

[2] 尤其要注意阿莉·霍克希尔德的著作以及克里斯蒂娜·尼普特恩的开创性研究（1996），后者的研究最近已经拓展到对线上“边界工作”的解释（2010）。

干事珍妮在塔斯马尼亚岛的丛林漫步度假的时候，“带着对离线的极度焦虑，度过了三天时间”。当意识到“不能查收我的邮件”的时候，她从日常的作息规律中脱离出来，就像从某种麻醉品的幻觉中“跌落”。自从珍妮在图书馆工作以来，她从未在离开科技手段的情况下度过一个假期，这一点并不让人感到吃惊。

这些故事凸显出，企业应当在重新评估工作量方面承担更大的责任，充分考虑那些围绕线上通信发展起来的工作文化。如果一开始没能让员工做好准备，应对不断加大的以电脑为媒介的工作需求，那么只会进一步累积持续的负面影响，因为运用科技手段现在已经是根深蒂固的习惯。管理者似乎对探索如何更明智地用新技术来控制工作要求和简化工作流程不感兴趣。相反，速度、效率和经济效益仍然是被考虑的首要因素。软件和平台创新不断给员工带来冲击（大部分内容必须自己花时间学习），把责任推给了个人，让他们跟上影响自己职业的功能潜变的脚步。在日常生活中，对邮件的普遍和制度化的依赖是知识型劳动者目前面临的最突出问题。

尽管如此，本书也表明了劳动者自身在多大程度上要对工作强度的加大以及工作关系的愈加紧密负有责任。正如图书馆负责人芭芭拉所说，“我看到有些人，电话一响赶紧接听，就像从楼上跳下来一样迅速，诸如此类的反应，而我只是觉得，醒醒吧，他们还会打过来的。没什么大不了的”。芭芭拉的态度是对本书分享的材料的一味清新的解毒剂，这些材料中似乎缺乏对工作义务的理性判断。在本研究进行的三年中有一个更引人注目的故事，那就是米兰达讲述的一次摩托车事故，发生在某个重要的办公室报告会的前一天。当米兰达的丈夫赶到急诊病房，看到她处于半昏迷状态的时候，米兰达对他说："记得打电话给霍莉，告诉她，我明天可能没法去做报告了……不过，明天把我的笔记本电脑拿来，这样我就可以在周二发给她。"虽然米兰达事后对此感到好笑（她说"我觉得是头撞到金属柱子造成的影响"），但她的恐慌反应是更普遍的行为模式的一部分，包括在病假甚至是度假期间工作。为这一点辩解的时候，她说自己跟现在认识的其他许多人一样，似乎"不知道该在什么时候停下来"。

米兰达的例子说明，当科技使工作不断成为可能之时，试图对工作加以限制的员工面临着困难。对本书描绘的中产阶级专业人士来说，责任感和焦虑感是信息化工作和生活方式的"预期情感"。查收邮件、监管电话和保持在线的意识，是职业性的在场感蔓延的症状。有这种状况出现的职场不再受制于"钟表时间"，而是受制于由不可预测的滚动"事件"（阿德金斯，2009）组成的日程表。我们今天的工作感受中包含了各种入侵，胁迫，消耗，随时待命，焦虑，上瘾……甚至包含了安慰之源，在线技术是造成这一状况的关键因素。这些特征中的许多内容都可以视为激情、爱和亲密感的组成部分，它们作为情感劳动的政治学的必要基础，值得进一步探索。

爱的劳动政治

2005年，乔布斯在斯坦福大学毕业典礼的演讲中告诉在场的毕业生，他很幸运地在早年就找到了自己喜欢做的事情。他分享了一些心得，这些心得使他从车库中崛起[3]，凭借苹果品牌取得了巨大的市场成功，他的演讲传递了一个明确的信息：

> 工作卓越的唯一途径就是热爱你的事业。如果你还没有找到，继续找，不要安于现状。跟随你的本心，当你找到它的时候就会明白。就像任何重要的关系一样，随着岁月流逝，它变得越来越好。所以，继续找，直到找到为止。不要安于现状。

当乔布斯继续描述他遇到的挑战（30岁的时候被自己创办的公司排挤出去），爱的话语战胜了他的感性："我被排除在外，但我依然热爱。我决定重新开始。"乔布斯坚持认为，在他的荒野求生期，"唯一使我继续前进的动力，就是热爱自己所做的事情"。所以，他勉励毕业生：

> 你必须找到自己热爱的东西。对待工作，应该这样；对待爱人，同样如此。你的工作将会占据生活的

[3] 乔布斯20岁的时候在父母的车库里创建了苹果公司。——译注

很大一部分空间，而真正获得满足感的唯一途径就是做你认为有意义的工作。（乔布斯，2005）

乔布斯的演讲为本书描绘的特定劳动景观提供了一份简洁的概要。它表达了一个雄心勃勃的职业阶层的抱负、投入与奉献，他们在创造性工作中寻找最终的满足感和激情。亲密感的话语是这个职业计划的核心部分。过去20年里，IT硬件制造商通过满足人们对称心如意和有挑战性的工作的幻想，在产品销售上大获其利。这种幻想只能被视为当下的后女性主义职场的“浪漫愿景”（阿姆斯特朗，2003），扮演了一种令人不安的自由类型。当iPad和智能手机成为美好生活的乌托邦象征之时，自由的必要条件不再是从劳动中解放出来。自由更多体现在，人们在越来越多的地方发现和释放了个人生产力，而科技手段只是渠道之一。

当电子设备的形象不断入侵公共空间和电视广播之时，它们的中产阶级定位不应当被忽视。在一种貌似全球性的知识经济中，这些广告形象激发的期待和愿望远远没有均衡地实现。正如芭芭拉·艾伦瑞克警告的那样，“职业中等阶层的文化无处不在”对批判性分析提出了挑战，中产阶级“是难以名状的”[4]，“被一种既当主演又当编剧的文化伪装起来”，为包括劳动政治在内的主流政治设定了条件。很少

[4] 艾伦瑞克认为这一阶层的各种称谓都不甚理想，她姑且称之为“职业中等阶层”。——译注

有学者或其他文化评论家把他们自己看成是其中的一个群体——“一个有着自己独特的傲慢和焦虑的群体”（艾伦瑞克，1990：6）。

信息行业的劳动者在一个越来越把区分信息的“富有者”和“短缺者”（邱林川，2009）作为依据的社会里，重新划定了已经相当严重的数字鸿沟。在通常较为舒适的工作岗位上进行长时间的牺牲劳动，这种选择与世界上最贫困的劳动者遭受的胁迫与监督形成鲜明对比。还有大批从事设备装配的员工，他们为西方富裕劳动者输送了所谓的工作弹性。在本书出版之际，亚洲某些地区的工厂发生了一系列工人自杀事件和行业动荡，这表明在高科技产品装配工厂的第二代外来务工者中间产生了越来越多的不满情绪，其他一些群体也有类似情况。在这种背景下，我们可以借鉴乔布斯的类比，把劳动政治有效地理解为“有爱之人”和“无爱之人”之间相互冲突的限制、自由和机会。

到了2010年，黑莓公司在设计最新的广告活动时，似乎完全听取了乔布斯的教诲，这并不是偶然的。这一年的上半年，“爱你所为”的口号出现在周末杂志、网站侧边广告栏以及市中心社区周边的广告牌上。在校园里，艺术海报上充斥着无忧无虑的青年人形象，鼓励学生在新生入学周访问“爱的小屋”，以便在学期开始的时候注册黑莓手机方案。日历表、电子邮件、Facebook和电话，现在都可以在讲座和午餐时间随手使用。事实上，在课堂上使用智能手机的学生数量表明网络文化早已形成。这些学生正在引领随叫随到的生活方式，至于那些没有这样做的学生，在他们接受企业化高等教育的过程中，一整套文化激励的机制也会鼓励他们这样做。在这种环境下，教育工作者必须在鼓励学生的问题上保持警惕——无论是使用带有强制性的社交媒体应用程序，还是加入需要大量廉价劳动和情感劳动的就业市场。与此同时，学生更多地接触全球知识经济的主体人群，可能会让他们学到些东西；对这些人群来说，获得有满足感的工作的前景仍然是个“拙劣的笑话”（格尔兹，1994：46）。雄心勃勃的专业人士和教育工作者有机会利用文化资本来确保其地位和收入，他们负有特殊的责任对自己的劳动实践进行自我反思。这种反思包括：我们作为个人是如何推波助澜，围绕那些“提供职业晋升阶梯的不稳定工作”以及“稳定、全职、贯穿全年的终身就业”（同上）等其他相关利益，展开了最激烈的竞争。

2006 年，捷讯移动公司的约翰·巴尔斯利在描述黑莓手机的影响之时（iPhone这时还没有彻底改变移动电子设备的面貌），把他的畅销设备说成是“延时消除器”。从这一逻辑出发，巴尔斯利宣称：“成功的公司是有心脏的……并且拥有使整体大于部分之和的内在力量。黑莓……让这些心脏跳得更快。”（康纳斯，2006）这一时期，最赚钱的公司打算给总裁们支付数百万美元的“分手费”[5]，而这些总裁背后有一长串被裁员的劳动者，人们对巴尔斯利选择的这个

[5] 总裁辞职后往往需要保守商业机密、履行竞业限制义务，因此会获得经济补偿，被迫离职者获得的补贴更多。——译注

意象持怀疑态度是情有可原的。热爱事业之类的话语也许有助于解释他的产品为何在市场上取得成功，本书却让我们看清了现实生活中被智能手机消除的许多“延时”，其中包括陪伴孩子的时间、购物、出门，甚至是睡觉。随着移动技术崛起，员工们的心脏可能跳得更快了，但这是否出于关怀、情感和友谊，是值得怀疑的。在很多情况下，它是在等待下一个工作要求和下一个由管理者推行的生产力创新。

爱的劳动政治必须反对这种对亲密关系的公司化。必须找到能推动“共有物的生产和社会生活的生产”[6]的远见卓识，避免爱在资本的体制中丧失自我救赎的权利（哈特和奈格里，2009：xxii）。在结束本研究之时，我仍然乐观地认为，新媒体技术为将来的劳动政治提供了一些最有希望的路径。在线社交网络和应用程序大量涌现，是个人拒绝接受在国家、公司和家庭掌控之下的爱的“腐坏”的重要途径（哈特和奈格里，2009）[7]。但劳动者必须警惕，他们自己在多大程度上允许雇佣方利用个人理想与职业理想之间的界限模糊来谋利，从而消除了其他亲密关系的基础。

在本书的研究行将结束之际，好莱坞巨星乔治·克鲁

[6] 共有物（the common）也译作共同性、共同品、共有财产等，既包括自然资源及其产出等物质财富，也包括社会互动产生的语言、符号、情感等精神财富，这一概念试图超越“公共”（public）和“私人”的区分。——译注

[7] 哈特和奈格里认为，家庭也有可能表现出对爱的同一化，消灭个体的差异性和创造性。——译注

尼在贾森·雷特曼的电影《在云端》（2009）中饰演了瑞恩·宾汉姆的角色，获得广泛赞誉。在影片开场的特写镜头中，一名充满敌意的白领对着镜头说："这就是我为公司服务三十年得到的东西？"这部电影恰好在全球金融危机期间上映，在内容和上映时间上有着诡异的协同效应。克鲁尼扮演的宾汉姆是一名职业的职业终结者[8]，很大程度上是怀特所说的"组织人"的死敌。他在公开的巡回演讲中进行励志发言，鼓励疲惫的中产阶级管理者清空他们隐喻意义上的背包。"别搞错了。"宾汉姆告诫说，"流动就是生活。你的人际关系是你生活的最重要的组成部分。"宾汉姆这个角色是在城市间跳跃的飞行常客的典型。当他在路上，在旅途中，去处理一份永无止境的公司裁员名单的时候，他觉得最自在。宾汉姆拒绝了亲密关系的传统形式，这跟爱与家庭的温暖形成鲜明对比。正是与陌生人"标准化的友好接触"使他的生活"走在正轨上"。

与本书的关注点密切相关的是，《在云端》戏剧性的转折建立在一项即将推行的技术创新上，这项技术将永久改变宾汉姆的生活。一名商科毕业的高才生一进公司就获得了重用，她建议使用网络摄像头，让今后的裁员工作更加轻松，更具成本效益。这项便利的在线技术即将推出，很可能会终结宾汉姆作为空中公民的愉快的、无根的生活方式。宾汉姆

[8] 在电影里，宾汉姆服务于一家人力资源咨询公司，专门帮助企业处理裁员问题。——译注

很快就要告别旅行生活、回到家中，他面对这一前景的时候遭遇了精神痛苦，这是电影对长时间工作的职场文化的批判，这种文化在前几章提到的众多的新媒体市场营销活动中被美化了。

虽然宾汉姆对雇佣他的机构有一种健康的矛盾心态，他在努力保持独立的过程中确实犯了一个关键性的错误。就像电影中的其他白领一样，他对航空公司忠诚卡和里程数的痴迷是基于付出总有回报的假设。当宾汉姆达到梦寐以求的总积分之时，机长亲自向他表示了祝贺，并重申："我们非常感谢您的忠诚。"但到了故事的这个阶段，宾汉姆被一个他爱过又失去的女人搞得心烦意乱。多年以来，宾汉姆梦想着跟机长握手，把这视为职业生涯的至高荣誉，然而，失去恋爱的机会让他说不出话来。他发现自己与职业生涯中指导过的每一个劳动者处于相同的境地，他对自己如此信任这个体制感到困惑，意识到他的精力应该更多地用在别处。

情感投入和时间投入之间的关系发生了变化，白领职场正在利用它们之间的新契约获利，亲密感的语域是我们理解这一历史过程的较好的途径之一（参见易洛思，2007）[9]。直到现在，"忠诚"都是我们用来描述工作投入形式的术语，劳动政治围绕的核心即是主张劳动者应当为他们的奉献和专一得到褒奖。然而让人惊讶的是，正如劳拉·吉普妮斯

[9] 职场中的情感投入具有"加速资本主义"（本·阿格尔）的特征，即压缩时间、追求效率，同时模糊了公私的边界。——译注

在她的著作（2003）中指出的，工业的逻辑已经如此轻易地影响和塑造了爱的语言。即便如此，我们仍然可以选择一种更具批判性的关于亲密感的话语，解释身处当代高强度工作文化中的雇佣方和雇员，在支配他们的关系中都失去了什么。《在云端》结尾之时，宾汉姆的独白调和了他的孤魂野鬼角色，他拥抱的生活是由工作来定义的，超越了传统的亲密形式。在又一次孤独的起飞过程中，他引导观众注视他的飞机翼尖，就像夜空中又一颗星，从高处全知全能地俯视。这个形象有一种缥缈的气质，暗示着一种死亡。它让我想起了我们讲给孩子的故事，当一位亲戚逝去的时候会发生什么。对宾汉姆和本书中的许多劳动者来说，孩子、爱人和家庭是在一个更大的成功叙事中来来去去的亲密他者。他这颗遥远的星有一种易逝、孤绝和忧郁的形象。它唤起了我们的无奈之感，这正是有着过度流动性的现代生活的必然结果。这种形象是可以摆脱的。

参考 REFERENCES 文献

AAP. (2010a). Sacked Bosses Get Little Sympathy. *The Age*. July 22. <http://news.theage.com.au/breaking-news-national/sacked-bosses-get-little-sympathy-20100722-10lo0.html>; accessed September 23, 2010.

AAP. (2010b). ABC Presenter Reprimanded Over Twitter. *Sydney Morning Herald*. <http://news.smh.com.au/breaking-news-national/abc-presenter-reprimanded-over-twitter-20100820-138bp.html>; accessed September 26, 2010.

Adair, J. (1982). *Effective Time Management: How to Save Time and Spend it Wisely*. London: Pan Macmillan.

Adkins, L. (2008). From Retroactivation to Futurity: The End of the Sexual Contract. *NORA – Nordic Journal of Feminist and Gender Research* 16(3): 182–201.

Adkins, L. (2009). Presentation at Cultural Work and Creative Biographies Symposium, April 1. Milton Keynes: Open University.

Adkins, L. and Jokinen, E. (2008). Introduction: Gender, Living and Labour in the Fourth Shift. *NORA – Nordic Journal of Feminist and Gender Research*, 16(3): 138–49.

Agamben, G. (2005). *State of Exception*. Chicago, IL: University of Chicago Press.

Allon, F. (2008). *Renovation Nation: Our Obsession with Home*. Sydney: University of New South Wales Press.

Amman, J., Carpenter, T., and Neff, G. (eds) (2007). *Surviving the New Economy*. Boulder, CO: Paradigm Publishers.

Anderson, C. (2004). The Long Tail. *Wired* 12(10) (October). <http://www.wired.com/wired/archive/12.10/tail.html>.

Andrejevic, M. (2007). *iSpy: Surveillance and Power in the Interactive Era*. Lawrence, KA: University Press of Kansas.

Andresky-Fraser, J. (2001). *White Collar Sweatshop: The Deterioration of Work and Its Rewards in Corporate America*. New York: W.W. Norton.

Andrijasevic, R. and Anderson, B. (eds) (2009) Conflicts of Mobility: Migration, Labour and Political Subjectivities. Special Issue of *Subjectivity* 29(1) (December): 363–6.

Armstrong, J. (2003). *Conditions of Love: The Philosophy of Intimacy*. New York: W.W. Norton.

Banerjee, S. (2009). Best Buy Seeks Candidate With 250 Twitter followers. *Telegraph*. July 14. <http://www.telegraph.co.uk/technology/twitter/5825826/Best-Buy-seeks-candidate-with-250-Twitter-followers.html>.

Banks, M. (2007). *The Politics of Cultural Work*. Basingstoke: Palgrave.

Banks, M. (2009). Fit and Working Again? The Instrumental Leisure of the Creative Class. *Environment and Planning A*. 41(3): 668–81.

Barrett, M. (1980). *Women's Oppression Today: Problems in Marxist Feminist Analysis*. London: Verso and New Left Books.

Bartelby, A. (2009). FOLLOW FAIL: The Top 10 Reasons I Will Not Follow You in Return on Twitter. *Mashable: The Social Media Guide*. January 6. <http://mashable.com/2009/01/06/twitter-follow-fail/>.

Bauman, Z. (2005). *Liquid Life*. Cambridge: Polity.

Baxter, E. (2008). In Your Facebook. *Sydney Morning Herald*, The Guide. February 25. <http://www.smh.com.au/news/web/in-your-face-book/2008/02/23/ 1203467445965.html?page=fullpage>.

Benkler, Y. (2006). *The Wealth Of Networks: How Social Production Transforms Markets and Freedom*. New Haven, CT, Yale University Press.

Bentley, K. and Yoong, P. (2000). Knowledge Work and Telework: An Exploratory Study. *Internet Research*. 10(4): 346–56.

Berlant, L. (1997). *The Queen of America Goes to Washington City: Essays on Sex and Citizenship*. Durham, NC, Duke University Press.

Berlant, L. (2007). Faceless Book. *Supervalent Thought*. <http://supervalentthought.com/2007/12/25/faceless-book/>; Accessed September 26, 2010.

Berlant, L. (2008). After the Good Life, the Impasse: *Human Resources*, *Time Out*, and the Precarious Present. Faculty of Arts Dean's Lecture, University of Melbourne. August 13.

Bernard, M. E. (1991). *Procrastinate Later: How To Motivate Yourself To Do It Now*. Melbourne: Schwartz and Wilkinson.

Bita, N. (2010a). Time's Up for Telcos, Consumers Say. *The Australian*. September 17. <http://www.theaustralian.com.au/news/nation/times-up-for-telcos-consumers-say/story-e6frg6nf-1225925069145>; accessed September 23, 2010.

Bita, N. (2010b). Lift Your Game or We'll Force You, Ombudsman Tells Telcos. *The Australian*. September 4. <http://www.theaustralian.com.au/news/nation/lift-your-game-or-well-force-you-ombudsman-tells-telcos/story-e6frg6nf-1225914005628>; accessed September 23, 2010.

Bliss, E. C. (1991) *Getting Things Done: The ABC of Time Management*. New York: Warner. First published 1976.

Boltanski, L. and Chiapello, È. (2007/2005). *The New Spirit of Capitalism*, G. Elliott (trans). London: Verso.
Bourdieu, P. (1984). *Distinction: A Social Critique of the Judgement of Taste*, Richard Nice (trans.). Cambridge, MA: Harvard University Press.
Boyd, d. (2009). White Flight in Networked Publics? How Race and Class Shaped American Teen Engagement with MySpace and Facebook. Available at *apophenia*: <www.danah.org/papers/2009/WhiteFlightDraft3.pdf>; accessed March 23, 2010.
Brady, D. (2007). Creating Brand You. *Business Week*. August 20. <http://www.businessweek.com/magazine/content/07_34/b4047419.htm>.
Bradwell, P. and Reeves, R. (2008). *Network Citizens*. Demos Report. Available at <www.demos.co.uk/publications/networkcitizens>; accessed March 23, 2010.
Brogan, C. and Smith, J. (2009). *Trust Agents: Using the Web to Build Influence, Improve Reputation, and Earn Trust*. New Jersey: Wiley & Sons.
Brophy, E. and de Peuter, G. (2007). Immaterial Labor, Precarity, and Recomposition. In Mosco, V. and McKercher, C. (eds), *Knowledge Workers in the Information Society*. Lanham, MD: Lexington Books, pp. 177–91.
Bruns, A. (2008). *Blogs, Wikipedia, Second Life, and Beyond: From Production to Produsage*. New York: Peter Lang.
Budd, H. (2007). Influenced by the Inbox. *The Courier-Mail*, Career One, October 20–1.
Budd, H. (2008). Ergonomic Employment. *The Courier-Mail*, Career One, May 10–11.
The Bulletin. (2005). Business IT "Wireless and IP Special," March 15: 52–8.
Caldwell, J. T. (2008). *Production Culture: Industrial Reflexivity and Critical Practice in Film and Television*. Durham, NC: Duke University Press.
Carr, Kim (2009). Federal Industry Minister Delivers Dire Jobs Warning Lateline, ABC Television, February 26, 2009. Available at: <http://www.abc.net.au/lateline/ content/2008/s2502600.htm>.
Castells, M. (2000). *The Information Age: Economy, Society and Culture. Volume 1: The Rise of the Network Society*. Oxford: Blackwell.
Chaney, P. (2009). *The Digital Handshake: Seven Proven Strategies to Grow Your Business Using Social Media*. New Jersey: Wiley & Sons.
Cohen, K. R. (2006). A Welcome For Blogs. *Continuum: Journal of Media and Cultural Studies* 20(2): 161–73.
Cole, K. (2001). *Make Time: Practical Time Management that Really Works!* Harlow: Pearson Education.
Collis, J. and LeBoeuf, M. (1995). *Work Smarter Not Harder*. Sydney: HarperCollins Business.
Connors, E. (2005). Checking Email is Now a Scourge of the Workplace. *Australian Financial Review*, June 3.
Connors, E. (2006). Blackchat. *Australian Financial Review Boss*, May.

Connors, E. (2008). In Search of the Small Picture. *The Weekend Australian Financial Review*, June 7–8: 28–9.
Crawford, K. (2009). These Foolish Things: On Intimacy and Insignificance in Mobile Media. In Gerard Goggin and Larissa Hjorth (eds), *Mobile Technologies: From Telecommunications to Media*. New York: Routledge, pp. 252–65.
de Botton, A. (2009). *The Pleasures and Sorrows of Work*. London: Hamish Hamilton.
de Certeau, M. (1988). *The Practice of Everyday Life*. Berkeley, Los Angeles, CA, and London: University of California Press.
Delaney, B. (2009). Flexibility Has its Flaws. *Sydney Morning Herald*, My Career, August 15–16.
Deuze, M. (2007). *Media Work*. Digital Media and Society Series. Cambridge: Polity.
Dowling, E., Nunes, R., and Trott, B. (eds) (2007). Immaterial and Affective Labour: Explored. *Ephemera* Special Issue 7(1): 1–7.
Driscoll, C. and Gregg, M. (2008a). Broadcast Yourself: Moral Panic, Youth Culture and Internet Studies. In B. Smaill and U. Rodrigues, *Youth Media in the Asia Pacific Region*. Newcastle: Cambridge Scholars Press, pp. 71–86.
Driscoll, C. and Gregg, M. (2008b). Message Me: Temporality, Location and Everyday Technologies. *Media International Australia* 128 (Special Issue on Digital Literacy): 128–36.
Driscoll, C. and Gregg, M. (2010). My Profile: The Ethics of Virtual Ethnography. *Emotion, Space and Society* 3(1) (May): 15–20.
Driscoll, C. and Gregg, M. (forthcoming). *Convergence Culture* and the Legacy of Feminist Cultural Studies. *Cultural Studies*.
The Economist (2010). All's Just Grate in a Cheesy Office. Syndicated in *The Weekend Australian Financial Review*. September 18–19.
Edwards, P. and Wajcman, J. (2005). *The Politics of Working Life*. Oxford: Oxford University Press.
Ehrenreich, B. (1990). *Fear of Falling: The Inner Life of the Middle Class*. New York: Harper Perennial.
Ehrenreich, B. and Hochschild, A. R. (2004). *Global Woman: Nannies, Maids, and Sex Workers in the New Economy*. New York: Henry Holt and Company.
Fenech, S. (2007). Printing Perfection. *Courier-Mail*, April 18.
Ferriss, T. (2007). *The 4-Hour Work Week: Escape 9–5, Live Anywhere and Join the New Rich*. New York: Crown.
Flew, T. (2010). Toward a Cultural Economic Geography of Creative Industries and Urban Development: Introduction to the Special Issue on Creative Industries and Urban Development. *The Information Society* 26(2): 85–91.
Flew, T. and Cunningham, S. (2010). Creative Industries After the First Decade of Debate. *The Information Society* 26(2): 113–23.
Flew, T., Ching, G. Stafford, A. and Tacchi, J. (2001). *Music Industry Development and Brisbane's Future as a Creative City. Brisbane City*

Council and Queensland University of Technology. Brisbane: Creative Industries Research and Applications Centre.
Florida, R. (2002). *The Rise of the Creative Class: And How It's Transforming Work, Leisure, Community and Everyday Life*. New York: Basic Books.
Flynn, D. (2006). Don't Commute. *Sydney Morning Herald*, Icon, October 21–2.
Fortunati, L. (1995). *The Arcane of Reproduction. Housework, Prostitution, Labor and Capital*. New York: Autonomedia. First published as *L'arcano della riproduzione. Casalinghe, prostitute, operai e capitale*, Padova: Marsilio, 1981.
Frolick, M. N., Wilkes, R. B. and Urwiler, R. (1993). Telecommuting as a Workplace Alternative: An Identification of Significant Factors in American Firms' Determination of Work-at-Home Policies. *Journal of Strategic Information Systems* 2: 206–22.
Gajendran, R. S. and Harrison, D. A. (2007). The Good, the Bad, and the Unknown about Telecommuting: Meta-analysis of Psychological Mediators and Individual Consequences. *Journal of Applied Psychology* 92: 152–41.
Gardner, Marilyn (2008). Your Place of Business. *Courier-Mail*. Career One, January 12.
Gaylord, C. (2008). A Home for the Lonely. *Courier-Mail*. Career One, April 5–6. Syndicated from *Christian Science Monitor*.
Gill, R. (2007a). *Gender and the Media*. Cambridge: Polity.
Gill, R. (2007b). *Technobohemians or the New Cybertariat? New Media Work in Amsterdam a Decade after the Web*. Network Notebooks 01, Amsterdam: Institute of Network Cultures.
Gill, R. and A. Pratt, (2008). In the Social Factory? Immaterial Labour, Precariousness and Cultural Work. *Theory, Culture & Society* 25(7–8): 1–30.
Glover, S. (2010). Failed Fantasies of Cohesion: Retrieving Positives from the Stalled Dream of Whole-of-Government Cultural Policy. *M/C Journal*. 13(1). <http://journal.media-culture.org.au/index.php/mcjournal/article/view/213>; accessed September 20, 2010.
Goffman, E. (1973). *The Presentation of Self in Everyday Life*. New York: The Overlook Press. First published 1959.
Gorz, A. (1994). *Capitalism, Socialism, Ecology*, trans. Chris Turner. London: Verso.
Gregg, M. (2006). *Cultural Studies' Affective Voices*. Houndsmills: Palgrave.
Gregg, M. (2007). Freedom to Work: The Impact of Wireless on Labour Politics. *Media International Australia* Special Issue on Wireless Technologies and Cultures 125 (November): 57–70.
Gregg, M. (2008). The Normalisation of Flexible Female Labour in the Information Economy. *Feminist Media Studies* 8(3): 285–99.
Gregg, M. (2009a). Banal Bohemia: Blogging from the Ivory Tower Hot-desk. *Convergence: The Journal of Research into New Media Technologies* 15(4): 470–83.

Gregg, M. (2009b). Why Academia is no Longer a Smart Choice. *New Matilda*. Available at: <http://newmatilda.com/2009/11/24/academia-no-longer-smart-choice>; accessed December 22, 2009.
Gregg, M. (2009c). Privacy and Work. *Home Cooked Theory*. August 17. <http://homecookedtheory.com/archives/2009/08/17/privacy-and-work/>; accessed September 26, 2010.
Gregg, M. (2010a). On Friday Night Drinks: Workplace Affect in the Age of the Cubicle. In Gregg, M. and Seigworth, G (eds), *The Affect Theory Reader*. Durham, NC: Duke University Press, pp. 250–67.
Gregg, M. (2010b). 'Available in Selected Metros Only': Rural Melancholy and the Promise of Online Connectivity. *Cultural Studies Review* 16(1) March.
Gregg, M. (2011, forthcoming). Do Your Homework: New Media, Old Problems. *Feminist Media Studies*.
Grossberg, L. (1997). *Dancing in Spite of Myself: Essays On Popular Culture*. Durham, NC:Duke University Press.
Haddon, L. and Silverstone, R. (1993). *Teleworking in the 1990s: A View from the Home*. Martlesham: British Telecom.
Hamm, S. (2008). Whatever Happened to Silicon Valley Innovation? *Businessweek*. December 31. <http://www.businessweek.com/magazine/content/09_02/b4115028730216.htm>.
Hardt, M. (1999). Affective Labor. *boundary 2* 26(2): 89–100.
Hardt, M. and Negri, A. (2009). *Commonwealth*. Cambridge, MA, Belknap Press of Harvard University Press.
Hay, J. (2006). Designing Homes to be the First Line of Defense: Safe Households, Mobilization, and the New Mobile Privatization. *Cultural Studies* 20(4–5): 349–77.
Hearn, A. (2008). Variations on the Branded Self: Theme, Invention, Improvisation and Inventory. In D. Hesmondhalgh and J. Toynbee (eds), *The Media and Social Theory*. London: Routledge, pp. 194–210.
Hearn, A. (2010). Reality Television, *The Hills* and the Limits of the Immaterial Labour Thesis. *tripleC – Cognition, Communication, Co-operation* 8(1).
Heffernan, V. (2009). Let Them Eat Tweets, *New York Times*, The Medium, April 17. Available at: <http://themedium.blogs.nytimes.com/2009/04/17/let-them-eat-tweets/>.
Hesmondhalgh, D. and Baker, S. (2008). Creative Work and Emotional Labour in the Television Industry. *Theory, Culture & Society* 25(7–8) (December): 97–118.
Higgs, P. and Cunningham, S. (2008). Creative Industries Mapping: Where Have We Come From and Where Are We Going? *Creative Industries Journal* 1(1): 7–30.
Hill, E. J., Miller, B. C., Weiner, S. P. and Colihan, J. (1998). Influences of the Virtual Office on Aspects of Work and Work/Life Balance. *Personnel Psychology* 51: 667–83.
Hjorth, L. (2009). *Mobile Media in the Asia-Pacific: Gender and the Art of Being Mobile*. London Routledge.

Hobson, D. (1982). *Crossroads: The Drama of a Soap Opera*. London: Methuen.
Hochschild, A. R. (1983/2003). *The Managed Heart: Commercialization of Human Feeling*. Twentieth Anniversary Edition, Berkley, CA: University of California Press.
Hochschild, A. R. (1997). *The Time Bind: When Work Becomes Home and Home Becomes Work*. New York: Metropolitan Books.
Hochschild, A. R. and Machung, A. (1989). *The Second Shift: Working Parents and the Revolution at Home*. New York: Viking.
Hoggart, R. (1957). *The Uses of Literacy*. Harmondsworth: Penguin.
Howe, R. H. (1978). Max Weber's Elective Affinities: Sociology Within the Bounds of Pure Reason. *The American Journal of Sociology* 84(2): 366–85.
Huws, U. (2003). *The Making of a Cybertariat: Collected Essays*. New York: Monthly Review Press; and London: Merlin Press.
Illouz, E. (2007). *Cold Intimacies: The Making of Emotional Capitalism*. Cambridge: Polity.
Ito, Joi. (2007). Radar. *Joi Ito's Web*, <http://joi.ito.com/archives/2007/03/14/radar.html>.
Jenkins, H. (2006). *Convergence Culture: Where Old and New Media Collide*. New York: New York University Press.
Jenkins, C. (2008). Employers Move to Curb Surge in Social Networking. *The Australian Financial Review*. February 12.
Jennings, J. (2009). Tired of Waiting. *Sydney Morning Herald*, My Career, August 15–16.
Jobs, S. (2005). "You've Got to Find What You Love," Jobs Says. *Stanford University News*, June 14. <http://news.stanford.edu/news/2005/june15/jobs-061505.html>.
Johnson, S. (1998). *Who Moved My Cheese? An Amazing Way to Deal with Change in Your Work and in Your Life*. New York: Putnam.
Keane, M. (2007). *Created in China: The Great New Leap Forward*. Abingdon and New York: Routledge.
Killen, S. (2008). Do Homework before Working from Home. *Courier-Mail*, Career One, April 5–6: 6–7.
King, R. (2008). Global Firms Move Water Cooler Online. *The Weekend Australian Financial Review*. June 7–8: 32.
Kipnis, L. (2003). *Against Love: A Polemic*. New York: Vintage.
Klaebe, H. (2006). *Sharing Stories: Problems and Potentials of Oral History and Digital Storytelling and the Writer/Producer's Role in Constructing a Public Place*. PhD Thesis. Faculty of Creative Industries, Queensland University of Technology. Available at: <http://eprints.qut.edu.au/16364/>; accessed September 20, 2010.
Kücklich, Julian (2005). Precarious Playbour: Modders and the Digital Games Industry. *Fibreculture Journal* 5. Available at: <http://five.fibreculturejournal.org/fcj-025-precarious-playbour-modders-and-the-digital-games-industry/>.

Lazzarato, M. (1996). Immaterial Labor. In P. Virno and M. Hardt (eds), *Radical Thought in Italy: A Potential Politics*. Minneapolis, MN: University of Minnesota Press, pp. 133–47.

LeBoeuf, M. (1979). *Working Smart: How to Accomplish More in Half the Time*. New York: Warner.

Levit, A. (2009). Go On, Acquire a Brand in Order to Sell Yourself. Weekend Professional Education *The Weekend Australian* May 2–3. (Reprinted from *The Wall Street Journal*.)

Li, C. and Bernoff, J. (2008). *Groundswell: Winning in a World Transformed by Social Technologies*. Boston, MA: Forrester Inc.

Liu, A. (2004). *The Laws of Cool: Knowledge Work and the Culture of Information*. Chicago, IL, and London, University of Chicago Press.

Livingstone, G. (2007). *Now Is Gone: A Primer on New Media for Executives and Entrepreneurs*. Silver Spring, MD: Bartleby.

Lovink, G. and Rossiter, N. (eds), *MyCreativity Reader: A Critique of Creative Industries*. Amsterdam: Institute of Network Cultures.

Mackenzie, A. (2008). The Affect of Efficiency: Personal Productivity Equipment Encounters the Multiple. *Ephemera: Theory and Politics in Organization* 8(2): 137–56.

Mackenzie, K. (2006). The Rise and Rise of a Killer Application. *The Australian*, IT Business, April 18.

Mackenzie, R. A. (1972). *The Time Trap: How to Get More Done in Less Time*. New York: McGraw-Hill.

McKercher, C. and Mosco, V. (eds). (2007). *Knowledge Workers in the Information Society*. Lanham, MD: Lexington Books.

McRobbie, A. (2002). Clubs to Companies: Notes on the Decline of Political Culture in Speeded Up Creative Worlds. *Cultural Studies* 16(4): 516–31.

McRobbie, A. (2007). Top Girls? Young Women and the Post-feminist Sexual Contract. *Cultural Studies* 21(4–5): 718–37.

McRobbie, A. (2009). *The Aftermath of Feminism: Gender, Culture and Social Change*. London: Sage.

Marx, K. (1973). *Economic and Philosophic Manuscripts 1844*, Dirk J. Struik (ed); Martin Milligan (trans.). London: Lawrence & Wishart.

Mills, C. Wright (1951). *White Collar: The American Middle Classes*. New York: Oxford University Press.

Mitropoulos, A. (2006). "Precari-us?" *Mute Magazine*. January 9. <http://www.metamute.org/en/Precari-us>; accessed September 17, 2010.

Moran, J. (2005). *Reading the Everyday*. London: Routledge.

Morgenstern, J. (2001). *Time Management from the Inside Out: The Foolproof System for Taking Control of Your Schedule – and Your Life*. London: Hodder.

Morris, M. (1996). Crazy Talk is Not Enough. Guest Editorial. *Environment and Planning D: Society and Space* 1(14): 384–94.

Morris, M. (2009). Grizzling About Facebook. *Australian Humanities Review* 47 (November) <http://www.australianhumanitiesreview.org/

archive/Issue-November-2009/morris.html>; accessed September 27, 2010.

Morrison, L. (2007). Interview with Kiley Gaffney. *Pig City Then and Now: A Symposium on the Past, Present and Future of the Rock Music Industry in Brisbane*. University of Queensland. July 13.

Mosco, V. and McKercher, C. (2008). *The Laboring of Communication: Will Knowledge Workers of the World Unite?* Lanham, MD: Lexington Books.

Moses, A. (2009). Facebook Discipline May Be Illegal: Expert. *Sydney Morning Herald*. April 3. <http://www.smh.com.au/articles/2009/04/03/1238261779328.html>; accessed September 26, 2010.

Murphy, K. (2008). Work-anywhere Devices Tip Balance against Having a Life. *The Australian*, IT Defrag, July 22.

Neilson, B. (2009). The World Seen from a Taxi: Students-migrants-workers in the Global Multiplication of Labour. *Subjectivity* 29: 425–44.

Neilson, B. and Rossiter, N. (2008). Precarity as a Political Concept, or, Fordism as Exception. *Theory, Culture & Society* 25(7–8): 51–72.

Nicholas, P. (2010). Locate your Comfort Zone. *The Weekend Australian*, Weekend Professional, January 9–10.

Nippert-Eng, C. (1996). *Home and Work: Negotiating Boundaries Through Everyday Life*. Chicago, IL: University of Chicago Press.

Nippert-Eng, C. (2010). *Islands of Privacy*. Chicago, IL: University of Chicago Press.

Oakley, A. (1974). *The Sociology of Housework*. London: Martin Robertson. Reprinted with new Introduction. Oxford: Blackwell, 1985.

Oakley, K. (2004). Not So Cool Britannia: The Role of the Creative Industries in Economic Development. *International Journal of Cultural Studies* 7(1): 67–77.

O'Connor (2008). Want to Get Ahead? Sit Properly. *The Sydney Morning Herald*, My Career, April 18–19.

Osborne, L. (2009). Being Connected: Australians' Take-up and Use of Broadband. Presentation on behalf of Australian Communications and Media Authority to *Self, Place, and Broadband Connectivity: Making and Making Do* Workshop, University of Wollongong, February 12.

Ouellette, L. (forthcoming). Women's Work: Affective Labor and Convergence Culture. *Cultural Studies* Special Issue on Rethinking Convergence/Culture.

Pateman, C. (1988). *The Sexual Contract*. Stanford, CA: Stanford University Press.

Peters, T. (1998). The Brand Called You. *Fast Company*, 10 (August). Republished December 18, 2007. <http://www.fastcompany.com/magazine/10/brandyou.html>.

Potts, Jason D. and Cunningham, Stuart D. (2008). Four Models of the Creative Industries. *International Journal of Cultural Policy* 14(3): 233–47.

Pratt, A. C. (2009). Policy Transfer and the Field of the Cultural and Creative Industries: Learning from Europe? In Kong, L. and

O'Connor, J. (eds), *Creative Economies, Creative Cities: Asian–European Perspectives*. Heidelberg: Springer, pp. 9–23.

Putnam, R. (2000). *Bowling Alone: The Collapse and Revival of American Community*. New York: Simon & Schuster.

Qiu, J. (2009). *Working Class Network Society: Communication Technology and the Information Have-less in Urban China*. Cambridge, MA: MIT Press.

Qualman, E. (2009). *Socialnomics: How Social Media Transforms the Way We Live and Do Business*. New Jersey: Wiley & Sons.

Race, K. (forthcoming). Party Animals: The Significance of Drug Practices in the Materialization of Urban Gay Identity. In S. Fraser and D. Moore (eds), *Drugs, Health and Crime: Critical Perspectives*. Cambridge: Cambridge University Press.

Radway, Janice A. (1984). *Reading the Romance: Women, Patriarchy, and Popular Literature*. Chapel Hill, NC: University of North Carolina Press.

Robertson, J. (2010). Stephanie Rice Loses Sponsor Jaguar after Anti-gay Tweet. *The Courier-Mail*, September 7, 2010. <http://www.news.com.au/business/stephanie-rice-loses-sponsor-jaguar-after-anti-gay-tweet/story-e6frfm1i-1225915098261>; accessed September 26, 2010.

Rogers, I. (2011, forthcoming). *Musicians and Aspiration: Exploring the Rock Dream in Independent Music*. PhD Thesis. University of Queensland.

Rose, N. (1999a). *Governing the Soul: The Shaping of the Private Self*. London: Free Association Books, 2nd edn.

Rose, N. (1999b). *Powers of Freedom: Reframing Political Thought*. Cambridge: Cambridge University Press.

Ross, A. (2003). *No-Collar: The Humane Workplace and its Hidden Costs*. New York: Basic Books.

Ross, A. (2004). The Mental Labor Problem. In *Low Pay: High Profile*. New York: The New Press, pp. 191–232.

Ross, A. (2006). *Fast Boat to China: Corporate Flight and the Consequences for Free Trade – Lessons from Shanghai*. New York: Pantheon.

Ross, A. (2008). The New Geography of Work: Power to the Precarious? *Theory, Culture & Society* 25(7–8): 31–49.

Ross, A. (2009). *Nice Work If You Can Get It: Life and Labor in Precarious Times*. New York: New York University Press.

Ryan, R. (2009). What I'm Working On: Isabel Metz. *Australian Financial Review Boss*. April: 53.

Sassen, S. (2006). *A Sociology of Globalization*. New York: W. W. Norton

Scott, M. (2010). Address to the National Press Club, February 11.

Sennett, R. (1998). *The Corrosion of Character: The Personal Consequences of Work in the New Capitalism*. New York: W. W. Norton.

Sennett, R. (2006). *The Culture of the New Capitalism*. New Haven, CT: Yale University Press.

Sherwell, P. (2010). Lots of Friends, So Many Enemies. telegraph.co.uk. <http://www.telegraph.co.uk/technology/facebook/8024056/Lots-of-friends-so-many-enemies.html>.

Shirky, C. (2008). *Here Comes Everybody: The Power of Organizing Without Organizations*. London: Penguin.
Solove, D. (2007). *The Future of Reputation: Gossip, Rumor, and Privacy on the Internet*. New Haven, CT: Yale University Press.
Stafford, A. (2006). *Pig City: From The Saints to Savage Garden*. St Lucia: University of Queensland Press. First published 2004.
Stirling, J. (2010). 'Sickies' Rise in GFC Aftermath. Weekend Professional, *The Weekend Australian*, May 15–16.
Streeter, T. (2003). The Romantic Self and the Politics of Internet Commercialization. *Cultural Studies* 17(5): 648–68.
Streeter, T. (2005). The Moment of Wired. *Critical Inquiry* 31 (summer): 755–79.
Streeter, T. (2010). *The Net Effect: Romanticism, Capitalism, and the Internet*. New York: New York University Press.
Sydney Morning Herald (2006). A Guide to Pocket Offices. *Icon*, June 3.
Sydney Morning Herald (2009). Ruthless Recruiting. Memo, My Career, May 30–31.
Taskin, L. and Devos, V. (2005). Paradoxes from the Individualization of Human Resource Management: The Case of Telework. *Journal of Business Ethics* 62: 13–24.
Taylor, J. (2000a). Queensland Woos Virgin. *The World Today*. ABC Radio. 3 February. <http://www.abc.net.au/worldtoday/stories/s97613.htm>; accessed September 20, 2010.
Taylor, J. (2000b). Queensland Revels in Virgin Win. PM. ABC Radio. 3 February. <http://www.abc.net.au/pm/stories/s97703.htm>; accessed September 20, 2010.
Terranova, T. (2004). *Network Culture: Politics for the Information Age*. London: Pluto Press.
Tracy, J. F. and Hayashi, M. L. (2007). A Libratariat? Labor, Technology, and Librarianship in the Information Age. In McKercher, C. and Mosco, V. (eds), *Knowledge Workers in the Information Society*. Plymouth: Lexington Books, pp. 53–67.
Tremblay, D-G., Paquet, R., and Najem, E. (2006). Telework: A Way to Balance Work and Family or an Increase in Work–Family Conflict? *Canadian Journal of Communication* 31: 715–31.
Trinca, H. and Fox, C. (2004). *Better than Sex: How a Whole Generation Got Hooked on Work*. Sydney: Random House.
Tsang, S. (2008). Soothe the Savage Inbox. *Sydney Morning Herald, The Guide*, October 13.
Turkle, Sherry (2011). *Alone Together: Why We Expert More from Technology and Less from Each Other*. New York: Basic Books.
Turner, G. (2010). *Ordinary People and the Media: The Demotic Turn*. London: Sage.
Turner, F. (2006). *From Counterculture to Cyberculture: Stewart Brand, the Whole Earth Network, and the Rise of Digital Utopianism*. Chicago, IL: University of Chicago Press.

Turner, F. (2009). Dreaming the End of Bureaucracy: Network Theory and the Legacy of the Counterculture. Presentation at *The Internet as Playground and Factory* conference, The New School, NYC, November.

Turner, K. (2009). Finding the Right "Brand Voice" on Twitter. *Mashable: The Social Media Guide.* March 9. <http://mashable.com/2009/03/09/twitter-brand-voice/>.

Vanni, A. I. and Tari, M. (2005). The Life and Deeds of San Precario, Patron Saint of Precarious Workers and Lives, *Fibreculture Journal* 5: 1–11.

Vascellaro, J. E. (2009). Twitter Works to Control Growth. *The Australian*, May 27, p. 32. Reprinted from the *Wall Street Journal.*

Virno, P. (1996). The Ambivalence of Disenchantment. In M. Hardt and P. Virno (eds), *Radical Thought in Italy: A Potential Politics.* Minneapolis, MN: University of Minnesota Press, pp. 1–10.

Ward, Susan and O'Regan, Tom (2007) Servicing "the other Hollywood": The Vicissitudes of an International Television Production Location. *International Journal of Cultural Studies* 10(2): 167–85.

Weber, M. (1976). *The Protestant Ethic and the Spirit of Capitalism.* London: George Allen & Unwin, 2nd edn. First published 1930.

Willis, P. E. (1977). *Learning to Labour: How Working Class Kids Get Working Class Jobs.* Westmead: Saxon House.

Whyte, W. (1963). *The Organization Man.* Harmondsworth: Penguin. Originally published 1956.

Wilson, J. (2007). "Digital White Flight"? Facebook, Class and Social Networking. *New Media Research Group Blog*, <http://spooner.beds.ac.uk/nmrg/?p=60>; accessed 23/3/10.

Wilson, N. H. and Lande, B. J. (2005). Feeling Capitalism: A Conversation with Arlie Hochschild. *Journal of Consumer Culture* 5(3): 275–88

Woolf, V. (1929). *A Room of One's Own.* London: Hogarth Press.

Wynhausen, E. (2005). *Dirt Cheap: Life at the Wrong End of the Job Market.* Sydney: Pan Macmillan.

Zuboff, S. (1988). *In the Age of the Smart Machine: The Future of Work and Power.* New York: Basic Books.

Zylinska, J. (2009). *Bioethics in the Age of New Media.* Cambridge, MA: MIT Press.

索 INDEX 引

致谢

ACKNOWLEDGMENTS

澳大利亚研究理事会的基金支持了本书的研究，感谢格雷姆·特纳在申请书起草阶段的帮助，以及此后提供的更多帮助。本项目得到了昆士兰大学基金会优秀研究成果奖的进一步支持。这笔资金资助了使本书变为现实的研究助理团队：尼尔·哈维、伊恩·罗杰斯、娜迪亚·米兹纳、莎拉·徐和鲍·麦格拉什。感谢他们所有人。

昆士兰大学批评与文化研究中心以及悉尼大学性别与文化研究系的同事们，对我个人的工作习惯十分包容。我在福根·史密斯楼和四方院度过了漫长的时间，结识了许多亲密好友，无论是否有技术上的帮助。国内学者方面，感谢瑞秋·奥莱利、杰森·威尔逊和卡特里奥娜·孟席斯·派克。也感谢众多线上的朋友，我们经常在彼此的陪伴之下忙忙碌碌。

特别感谢基尔特·洛文克、格雷姆·特纳、特里·弗卢和米歇尔·迪奇诺斯基对原稿的帮助。特别感谢罗瑟琳德·吉尔、安迪·普拉特、马克·班克斯、斯蒂芬妮·泰勒、阿迪·昆茨曼、大卫·赫斯蒙德夫、加文·斯图尔特、阿莉克斯·惠顿、格雷格·塞格沃思和特伯·舒尔茨，他们邀请和支持了本书内容的海外交流。感谢劳伦·勃兰特、克里斯·科恩、吉纳维芙·贝尔、马克·德尔兹、乔·利特尔、海伦·肯尼迪、约翰·克拉克、马克·安德烈耶维奇、扎拉·沃尔基克、邱林川、詹姆斯·海伊和杰克·布拉蒂奇的反馈、引用、支持和激励。

任何在文化劳动领域做研究的人都受惠于安吉拉·麦克罗比和安德鲁·罗斯。他们的开创性研究是本项目的重要灵感来源。还要感谢约翰·考德威尔、艾伦·刘、芭芭拉·艾伦瑞克和阿莉·拉塞尔·霍克希尔德，他们的著作展现了我想要的分析方式。

澳大利亚人文科学院的出版补贴允许在书中加入图片。感谢约翰·汤普森支持这一申请，以及有机会在Polity出版社出版。非常感谢悉尼大学支持本项目最后阶段的定期出行，以及在更大范围的听众中测试这些观点。我最要感谢的是受访者，他们付出宝贵的时间为本研究提供了材料。愿您的工作和家庭生活保持活力并保护好您最珍视的亲密关系。